SHODENSHA
SHINSHO

ヤマトタケルの謎

――英雄神話に隠された真実

豊田有恒

祥伝社新書

まえがき

ギリシア神話と比べて、英雄時代が存在しないと言われる日本の神話世界。しかし、唯一の英雄神話・ヤマトタケルの物語が、残されている。世界に誇っていい英雄神話である。ヤマトタケルの事蹟(じせき)は、『古事記(こじき)』『日本書紀(にほんしょき)』『風土記(ふどき)』などにおいて生き生きした筆致で描かれている。

ヤマトタケルは、私が日本最初のヒロイック・ファンタジーとして、刊行してきたシリーズだが、その背景についても徹底的に研究してきた。しばしば英雄神話に欠けると言われる日本神話だが、ギリシア神話の英雄伝説に比肩(ひけん)する優(すぐ)れた民族的な遺産として、この際、ヤマトタケル神話を再評価してみたい。

ヤマトタケルには、ギリシア悲劇のような要素もあり、多くの神話学者、民俗学者が、ギリシア神話との比較研究を行なっている。たとえば、人類学者・民俗学者として有名な金関丈夫(かなせきたけお)氏は、ギリシア神話のオイデプスとの類似を主張している。オイデプスは、フロイト、ユングなど精神分析学者が、ケーススタディーとして取り上げているが、父親と息子の関係から、男の子の潜在的な父親憎悪を示すものとして、いわゆるエディプス（オイデプスの英語読み）・コンプレックスの名で、人口に膾炙している。

実際、『古事記』に描かれるヤマトタケルは、きわめて人間的に描かれている。西への遠征から戻ったばかりだというのに、父なる景行天皇から、東征を命じられ、「私に死ねと、思し召しか」と嘆く様には、エディプス・コンプレックスが、まさに現われている。

また、『日本書紀』では、父の天皇が吐いた言葉が神々の怒りを買ってしまい、ヤマトタケルを遠征に駆り立てる場面がある。天皇は、「形はわが子だが、神のようだ」と、わが子をおだてて、外征に送り出そうとする。

こうした人間の増上慢な態度は、ギリシア神話では、オリンパスの神々が何より嫌うものである。美の女神アフロディテ（ローマ神話のヴィーナス）より美しいと豪語した美女アラクネは、神罰で醜いクモに変えられた。ヤマトタケルが、常に外征に駆り出され、わずか三十歳で命を落としたとされるのも、日本神話では珍しい神罰の結果であり、ヘラクレスが課された十二の苦役のようでもある。

　ヤマトタケルに関する伝承は、各地に残っている。『伊呂波字類抄』という文献には、漆を発見した人として記録される。また『常陸国風土記』では、「ヤマトタケルの天皇」という表現がある。神話上のことにしろ、実際には天皇位に即いていないヤマトタケルを、天皇として扱っている。秩父市の三峯神社の創建者はヤマトタケルであり、ここでは、狛犬の代わりにオオカミが祀られている。
　また、『伊予国風土記』では、聖徳太子が建てたとされる「湯の岡の碑文」の全文が記録されているが、最初に道後温泉を訪れたVIPとして、ヤマトタケルの父親の景行天皇夫妻と、ヤマトタケルの息子にあたる仲哀天皇と后の神功皇后など、五代にわたる天皇の行幸を記録している。ちなみに、この碑文そのものは、発見されていない。先年、四国の南海放送が私のコメントを求めてきたが、地中探査機を用いて道後温泉周辺を調査したものの、残念ながら碑文発見には至らなかったという。

令和四年十一月

豊田有恒

目次

まえがき　3

序　章　ヤマトタケルは実在したのか？

実在の人間か、創造された英雄か　12
すべての天皇はヤマトタケルの子孫　15
こうして、私はヤマトタケルにのめりこんだ　17

第一章　ギリシア神話と似ている日本の神話

東アジアの神話とは異なる日本神話　22
ギリシア神話と日本神話の意外な共通点　24
オイデプス神話が教えるものとは　31
ギリシアと日本を繋いだ、ある遊牧民族　35

第二章　『記紀』におけるヤマトタケル

新王朝・纒向王朝の成立は何を意味するか　40
箸墓古墳から判ること　45
伊勢神宮とヤマトタケル　47
古代を解く鍵・崇神天皇と出雲　49
崇神天皇の奇妙な後継者選び　54
ヤマトタケルの祖父・垂仁天皇の治世　57
ヤマトタケルの父・景行天皇のロマンス　60
双子の兄・大碓皇子は殺された!?　65
景行天皇みずからの九州遠征　71
熊襲の長から贈られた名　75
東洋のヒーローは強そうに見えなくてもいい　77
父の命で、休む間もなく東国へ　80
草薙剣のエピソードは何を物語るのか　83
最初の悲劇に見舞われる　87

東国遠征は、どこまで行ったのか　91
遠征の帰路、宮簀媛に再会　95
自作の歌に見る、つかのまの幸せ　100
不敬を犯し、破局へと向かう　103
臨終にあたって詠んだ三首の歌　107
ヤマトタケルは、こうして死んだ　111

第三章　神功皇后の三韓征伐は史実か？

ヤマトタケルの子・仲哀天皇　118
神懸(かみがか)りした神功皇后　121
任那日本府は実在したのか　124
神功皇后の新羅遠征　128
応神天皇出生のいきさつ　131
異例ずくめの天皇・応神　136
ヤマトタケル直系の子孫・倭の五王の外交戦略　138

第四章　ヤマト王権の成立と、ヤマトタケル伝説との関わり

河内王朝の祖・ヤマトタケル　144
ヤマトタケルを天皇として記述した『常陸国風土記』　147
彩り(いろど)りを添える妃(きさき)たち　153
ヤマトタケルを祭神とする神社の数々　157
なぜ神武天皇を祀る神社がないのか　163

第五章　『記紀』は天皇を美化していない!?

左翼思想に乗っ取られた古代史学会　172
左翼史観の被害者となった女帝たち　177
『記紀』は天皇を美化などしていない　181

参考文献　194

図表作成　篠 宏行
本文ＤＴＰ　キャップス

序章

ヤマトタケルは実在したのか？

実在の人間か、創造された英雄か

いったい、英雄ヤマトタケルは、実在したのだろうか。

『記紀』（『古事記』『日本書紀』）の記述通りとすれば、第十代の崇神天皇から始まるとされる天皇たちの時代を、巻向（纏向とも書く）王朝、あるいは崇神王朝と呼ぶ歴史学者が少なくない。神武天皇からの九代の天皇は、二代目から八代目までは、簡単な年譜しか記されていないため、欠史八代と呼ばれる。

これら歴代天皇と比べると、ヤマトタケルの曾祖父にあたる崇神天皇からの天皇に関しては、それぞれの治世が詳しく記録されている。新たな王朝と考えられる。崇神朝の歴代天皇は、日本最古の道とされる、奈良市から天理市にかけての「山の辺の道」に沿って宮所を営み、伝・崇神天皇陵、伝・景行天皇陵など、初期型の鍵穴の形をした巨大な前方後円墳が残されている。

文献史学者の中には、大和の山の辺の道に沿った小国家であった崇神朝が、やがて畿内から中部、関東まで勢力圏を広げていく過程に、王子将軍という制度があったと説く人も少なくない。古代には、相続制が曖昧だったため、日嗣の御子が、かならずしも即位するとは限らなかった。そのため、後継者と目される人物以外の王子は、畿内に置けば、お家騒動の種になりかねないので、版図を広げるため、外征に出されたのだとする。

崇神朝では、東海道、山陽道などへ、四道将軍が派遣されている。毛国（現・群馬県、栃木県南部）には、垂仁天皇の兄の豊城入彦が派遣されている。前橋市の総社二子山古墳は、この皇子の墳墓だとされ、陵墓参考地として管理されていたが、現在は時代が合わないとして廃止されている。こうした王子将軍の中には、異郷で戦死した者も少なくなかったと思われる。

ヤマトタケルは、こうした多くの王子将軍たちを、一人の英雄に仮託して、創造されたとする説もある。

ヤマトタケル神話には、恋愛も大きな要素になっている。しかし、最愛の妃オトタチバナヒメは、走水（現・東京湾口）を渡る時、海神の怒りを鎮めるため、嵐の海に身を投じる。ヤマトタケルが、妃を偲んで詠んだ歌は、そぞろ哀れを誘うものである。「吾嬬はや（ああ、わが妻よ）」と詠った言葉は、現在の群馬県吾妻郡の地名に残っている。

恋多き英雄には、他にも愛人がいる。尾張国（現・愛知県西部）の国造の娘宮簀媛は、東征の往路で出会い、蝦夷を平らげて大和へ戻る途中で再会する。王子は、性急に媾合を求めるが、媛がメンスのため果たせない。『古事記』は、月経という単語を使っている。あからさまな性描写は、いわゆる万葉的な大らかさというもので、二人の歌は文学的な香りの高い傑作である。

英雄は、媛のもとを去って旅立ち、伊吹山の神など素手でも討ちひしげると豪語してしまう。神々を畏れぬ言葉は、はたして、神の怒りを買うことになる。神剣天叢雲剣（東征の際、悪人に火をつけられ、周囲の草を薙ぎ払ったことから、草薙剣とも呼ばれる）を持たずに山に向かったヤマトタケルは、邪神の瘴気に襲われ、病を得てしまう。大和への帰路、足を引きずりながら三重路を辿るが、伊勢国（現・三重県東部）に帰りつく前に、薨去する。三十歳だったという。

その遺骸は、白鳥と化して、大和のほうへ飛び去ったという。

すべての天皇はヤマトタケルの子孫

　日本人なら、ヤマトタケルという名を聞いたことがない人は、まずいないだろう。映画や歌舞伎にも取り上げられているから、英雄として有名な人物だということは、よく知られていると言えるだろう。しかし、ヤマトタケルの生涯が、どのように記述されているかという点に関しては、それほど人口に膾炙しているわけではない。

　歴史や神話に興味のある人は、いくつかの断片的なエピソードは、知っているだろう。女装して九州の熊襲（くまそ）の酋長を殺したとか、悪人に火をつけられ剣で草を薙ぎ払い類焼を免れたとか、有名な事蹟が伝わっているから、目にしたことがある人も少なくないだろう。

　ヤマトタケルについて、『記紀』では、相当な分量の記述が残されている。『日本書紀』の景行天皇紀では、ほぼ三分の一のページを、ヤマトタケルだけに割（さ）いている。また、それぞれ漢字表記は異なる。『古事記』では倭建命（やまとたけるのみこと）、『日本書紀』では日本（やまと）武尊（たけるのみこと）という表記だが、ここではヤマトタケルという発音を仮名で表記するものとする。

ヤマトタケル神話は、世界に誇っていい英雄神話であるが、そのわりには、詳細が知られていないと言えよう。これまで実際の価値が伝わらなかった、あるいは伝えられなかった経緯には、いくつかの原因がある。戦後の日本では、戦前の教育を否定する風潮が、蔓延していた。

文献史学の世界も、例外ではなかった。『記紀』批判が常態化してしまい、『記紀』に準拠した研究などは、しばしば皇国史観というレッテルを貼られ、葬り去られるケースが少なくなかった。ヤマトタケル神話は、左翼の唯物史観から見て、危険思想だったのである。つまり、ヤマトタケルという英雄の存在を認めれば、左翼の人々が認めたがらない皇室の権威が、高まってしまうと危惧したわけなのだろう。

なぜなら、神話の話にしても、ヤマトタケルは、現在の皇室の直系の先祖に相当する位置づけだからである。おいおい詳しく説明していくつもりだが、ヤマトタケルの息子の仲哀天皇は、巨大古墳で有名な応神天皇の父親にあたる。応神天皇、その後継者の仁徳天皇は、いわゆる河内王朝を築いた天皇として知られるが、いわばヤマトタケル王朝と呼んでもさしつかえがない。万世一系といわれる皇統は、男系相続が原則だから、現在の天皇陛下に至るまで、歴代天皇すべて、系譜上はヤマトタケルの子孫ということになる。

こうして、私はヤマトタケルにのめりこんだ

私が、ヤマトタケルについて、『古事記』『日本書紀』の記事に接したのは、今から半世紀以上も昔のことである。もともとギリシア神話などが大好きだったから、すぐさまヤマトタケル神話にも溶け込めたのである。そのうえで、ギリシア神話のヘラクレス、ペルセウス、テセウスなどに匹敵する英雄が、日本神話にも存在すると知り、大いに感動したものだ。しかし、私が実感したように、ヤマトタケルはギリシア神話の英雄ほどには、日本ですら知られていないのだ。

『古事記』『日本書紀』をはじめ、『風土記』から、朝鮮の史書『三国史記』『三国遺事』まで読み始めたのは、邪馬台国を舞台とした歴史SFを書くためだったが、その際、ヤマトタケルの存在が、私の胸中で浮上してきたのである。これほど素晴らしい人物が、いわば歴史の澱のように埋もれていることが、残念でならなくなった。

そこで、わが国で最初のヒロイック・ファンタジーの形で、ヤマトタケルの物語を、私なりの手法で書いてみようと思い立った。下手（へた）をすれば、原典を汚（けが）すことになりかねないが、エンターテイメントとして、私のヤマトタケルを読んでくれた人が、原典に当たる気になってもらえれば幸せ、という覚悟でスタートした。ヤマトタケル神話の魅力を知る日本人が、もっと増えてほしかったからだ。

こうして、中部地方以西を舞台に、七冊のヤマトタケル・シリーズを書いた。売れ行きはそこそこだったが、評判は悪くなかった。立て続けに三社からテレビ化の引き合いがきたものの、残念ながら実現しなかった。

『記紀』などの文献においても、ヤマトタケルの三十年の生涯において、メインな活躍舞台とされる東征物語に着手し始めた矢先、私の身に、災難が降りかかった。悪質な迷惑電話に悩まされるようになったのである。原稿を書こうとすると腹が立ってきて、心悸亢進（しんきこうしん）状態になる。やがてアルコール依存症のようになってしまい、尿酸値、中性脂肪値が、急上昇してしまった。そのため、ヤマトタケル・シリーズに限らず、小説そのものが書けなくなり、とうとう蓄（たくわ）えを取り崩すまでになった。たまたま大学教授を委嘱されたので、これに応じることとした。

こうしたいきさつに関しては他で述べているので、詳しくは触れないが、ともあれ島根県立大学教授として、浜田市に赴任し、ほぼ十年を過ごしたのち、名誉教授として退任した。環境を変えたせいで健康は回復したものの、ここ四半世紀ほど、小説は書けないままである。

現在、ノンフィクションを書いて糊口をしのぐ毎日だが、完成させられなかったヤマトタケル・シリーズを思い出すようになった。しかし、八四歳になった今、当初さらに五、六巻を予定していた東征物語を完結させるだけの気力も体力も、もはや残っていない。そこで、ノンフィクションの形で、ヤマトタケルの再評価を考えるようになった。それが、この本を書き始めた動機である。

日本の神話世界には、ギリシア神話のような英雄神話は存在しないというのが、文献史学、神話学の定説だろう。しかし、『記紀』を丹念に読み込めば、この定説が、間違いと言って悪ければ、歪んでいることが判る。私は、世界に誇るべきヤマトタケル神話の実像を、世に問いたいのである。

第一章

ギリシア神話と似ている日本の神話

東アジアの神話とは異なる日本神話

日本の神話が、はるか遠く離れたギリシアの神話と似ているとする説は、多くの専門家によって提唱されている。ヤマトタケル神話も、例外ではない。

前述したように、金関丈夫氏は、ヤマトタケルを、ギリシア神話のオイデプスに準(なぞら)えている。オイデプスと言えば、英語読みしたエディプス・コンプレックスの語源ともなった人物である。男の子が、父親に反発する感情を、心理学的に分析した用語で、心理学の泰斗(たいと)ジークムント・フロイトによって提唱された。

日本神話とギリシア神話の類似性は、これにとどまらない。ヤマトタケル〜オイデプスに言及する前に、他の多くの事例を挙げ、また、なぜ偶然とも思えない類似がもたらされたかについて、考証してみたい。

しばしばギリシア・ローマ神話と呼ばれるが、もともとローマ文明は、エトルリアとヘレニズム世界から受けついだ形で発展したから、神々(パンテオン)の世界もギリシア神話と対応している。そのため、時にはギリシア神話の美の女神ヴィーナスなどという誤用が、まかり通ったりする。ギリシア神話の美の神はアフロディテで、それがローマでヴィーナスに変わったのである。

このような対応は、多くの神々に共通している。戦いの神アーレス～マルス、海の神ポセイドン～ネプチューン、伝令の神ヘルメス～マーキュリー、至上神ゼウス～ジュピター（ユピテル）など、ほとんど共通している。

ところが、日本神話は、東アジアのどの国の神話とも、まったく似ていないのである。たとえば、日韓で共通する神様と言えば、八岐大蛇（やまたのおろち）退治で有名な素戔嗚尊（すさのおのみこと）が、新羅（しらぎ）の曾尸茂梨（そしもり）にいたという所伝が『日本書紀』にある。『日本書紀』は、「一書（いっしょ）に曰（いわ）く」として、多くの異説を紹介する場合があり、この記述も、そのうちの四番目の一書だから、そうでないとする解釈のほうが有力ということになる。

また、『伊予国風土記』では、大三島（おおみしま）に鎮守する大山祇神（おおやまつみのかみ）が、百済（くだら）渡来の「渡しの大神」だと記されている。山という漢字を当ててあるので、誤解されやすいが、ヤマ、アマは、古百済語で海の意味だから、航海をつかさどる神さま、ということになる。アマのほうは、現在も海女（あま）という単語に残っている。現代の韓国語では海はパダというが、新羅が半島を統一したせいであり、日本語の海神（わだつみ）という場合のワダと対応している。

ともあれ、日韓で共通する神さまといえば、これら素戔嗚尊と大山祇神の二柱しか存在しないうえ、しかも韓国側の文献には載っていないのである。

それでは、中国の神話はどうか？　中国文明は古く、しかも中原と呼ばれる狭い地域の文化が、やがて周辺民族を巻き込み、いわゆる中華思想という自民族中心主義(ethnocentrism)を形成することになる。その過程で、多くの少数民族の神話などは消されてしまったに違いない。ここにも、日本と共通する神々、神話は存在しない。

ギリシア神話と日本神話の意外な共通点

ただ、日本だけに、ギリシア神話と共通するモチーフが存在する。もっとも有名な例は、須佐之男命の八岐大蛇退治の物語だろう。

天界を追放されたスサノオは、奥出雲の斐伊川の源流あたりに、降臨する。川の上流から箸が流れてきたので、上流に人家があると見て、訪ねていくと、老夫婦が泣いている。足名椎、手名椎の二人で、娘の櫛名田比売を引き合わされる。老夫婦には、多くの娘がいたが、越国（こしのくに）（現・新潟県）から毎年やってくる八岐大蛇という怪物に食われ、この娘しか残っていないという。そこで、スサノオは、酒を飲ませて大蛇を酔わせ、斬り殺し、櫛名田比売と結ばれるという、有名なハッピーエンドを迎える。

　これと、そっくりなパターンの物語が、ギリシア神話にある。アルゴスの王子ペルセウスは、大神ゼウスが黄金の雨に変身して、王の娘ダナエと交（まじ）わり産ませた半神（デミゴッド）である。王は、ゼウスとの不倫で生まれたペルセウスを、殺させようとするが、殺すに忍びないとする臣下に助けられ、成長する。やがてペルセウスは、メデューサを退治するなど偉業を成し遂（と）げたのち、エチオピアにやってくる。ケフェウス王、カシオペア王妃は、アンドロメダ王女を、海魔の生贄（いけにえ）にしなければならず、嘆き悲しんでいる。ペルセウスは、メデューサの首を掲（かか）げて、海魔を石に変えて退治し、アンドロメダと結ばれる。

　日本神話、ギリシア神話の二つの物語は、細部では異同があるものの、大筋は同じである。スサノオもペルセウスも、天界の出身である。高貴な身分の若者が故郷を去って放浪するというパターンは、貴種流離譚（きしゅりゅうりたん）という民俗学上のモチーフで、これも共通している。何よりの見せ場は、怪物を退治して、救った姫と結婚するという結末である。似たパターンの神話は、東アジアでは日本だけだが、世界各地にあり、ペルセウス・アンドロメダ型の神話として、神話学の研究対象となっている。

私事だが、島根県立大学の教授を務めていた頃、アメリカなど多くの外国から研究者を迎え、当地の石見神楽（いわみかぐら）でもてなしたことがある。八岐大蛇退治の物語も、伝統の石見神楽の演目の一つで、実際に観ると迫力満点である。アメリカ人の研究者などには、パーシアス（ペルセウス）・アンドロメダ型の神話だと説明すると、ただちに理解してもらえた。

また、日本神話とギリシア神話の奇妙とも言える共通点は、イザナギ、イザナミの創造神においても、見受けられる。二人の男神、女神は、日本の国土、神々、そして日本人を創造したとされる至上神である。しかし、その後、多くの神々を産んだのち、火の神カグツチを産もうとしたところ、女神の陰部が焼けただれて、死んでしまう。嘆き悲しんだイザナギは、母親を殺した息子のカグツチを斬り殺してしまう。

余談ながら、日本各地にある愛宕（あたご）神社の祭神（さいじん）は、このカグツチである。違う漢字を当ててあるので判りづらいが、愛宕は、もともと仇子（あだこ）と書いたのである。つまり母親を殺した不吉な子供という意味なのである。このエピソードの意味するところは、古代には産褥（さんじょく）で死亡する妊婦が多かったことを、神話的に表現したものだとされる。不吉な神だからこそ、祟（たた）りなど為（な）さないよう、斎（いつ）き祀ろうとする。この神道の発想は、のちに仏教が入ってくると、怨霊（おんりょう）思想となって流行する。

それはともかく、イザナギは、死んだ妻を取り戻そうと、黄泉国（よみのくに）を訪れる。イザナミは、生前と同じ姿で現われる。連れ帰ろうとすると、イザナミは、「黄泉戸喫（よもつへぐい）をしてしまったから、黄泉の神に相談しないと戻れない」と答え、姿を消す。その際、イザナミは、「けっして覗（のぞ）かないでくれ」とイザナギに対してタブーを課す。黄泉戸喫とは、黄泉国の食べ物を食べたという意味である。いったん死者の国の食べ物を食べてしまうと、生者の世界へ戻れなくなるという神話パターンは、世界各地にある。

イザナギは、いつまで待っても妻が戻らないので、とうとうタブーを犯（おか）して、奥の部屋へ踏み込んでしまう。そこには腐乱死体と化したイザナミがいて、八匹の雷（いかづち）のような怪物が、その屍肉（しにく）に食らいついている。

仰天したイザナギは、逃げ出す。すると、おぞましい姿を見られたイザナミは、黄泉の軍勢を率いて、追いかけてくる。何度も追いつかれそうになりながら、出口の黄泉比良坂（よもつひらさか）まで逃げ延びて、千引岩（ちびきのいわ）で出口を塞（ふさ）いでしまう。千引岩とは、千人がかりでないと動かせないような大岩のことである。

岩の向こうから、イザナミは、ころろいだ声で、「かくなるうえは一日あたり千人の人間をくびり殺して、黄泉国へ連れて来る」と不気味な宣言を行なう。ころろいだ声、とは、しわがれた恐ろしい声という意味である。腐乱死体と化したイザナミには、人間らしい声が出なくなっているのだ。

これに対して、イザナギは、「それでは、一日に千五百人が生まれるようにしよう」と答える。こうして、一日に千人が死に、千五百人が生まれ、黄泉国と往来することは、以後は不可能となった。生と死の起源にまつわる神話だが、まるでホラー映画のような成り行きになっている。子供の頃、この神話を読んだ時は、恐ろしくてトイレに行けなくなったくらいだ。

同じモチーフの神話が、ギリシア神話にもある。こちらは、なんとも美しい純愛悲劇になっている。楽人オルフェウスは、竪琴の名手で、ある日、水の精エウリディケと恋に落ちる。ところが、エウリディケは、死んでしまう。嘆き悲しんだオルフェウスは、冥府タルタロスへ行って、冥王ハデスに、「エウリディケを返してほしい」と嘆願する。ハデスは認めないが、妃のペルセフォネが、同情する。妃は、もともと豊穣の女神デメーテルの娘で、ニンフたちと戯れているところを、ハデスに襲われて、冥府へ連れ去られたのである。

　ここでも、日本神話と共通するモチーフが登場する。ハデスは、表面上はペルセフォネを優しく扱うのだが、わざと飢えさせて、冥府の食べ物を口にするよう仕向ける。つまり日本神話の黄泉戸喫である。このためペルセフォネは地上へ戻れなくなるのだが、母神デメーテルが強硬に抗議した結果、一定期間だけ冥府で過ごすことを条件に戻される。ペルセフォネが不在の間、地上の草木は枯れ、寒さが襲うことになるが、女神が戻れば、木々の緑が芽生え、暖かさがよみがえる。こうして、冬が生まれたという。

　ともあれ、女神のとりなしで、オルフェウスはエウリディケを連れて、地上へ戻ることを許される。ただし、絶対に振り向いてはならないという禁忌(タブー)を課される。もうすこしで、地上というところで、本当にエウリディケが付いてくるかどうか不安になり、オルフェウスは禁忌を破って、振り向いてしまう。すると、うしろにいた彼女の姿はしだいに遠ざかっていき、とうとう見えなくなる。こうして、オルフェウスは、エウリディケを冥府から連れ戻すことに失敗する。

この二つの神話は、死んだ愛する人を、冥府から連れ戻そうとするモチーフが、瓜(うり)二つのように似ているのだが、決定的な違いもある。ギリシア神話のオルフェウスは、いわば民間人だが、日本神話の場合、イザナギ、イザナミの夫婦神は、国土創生の至上神である。その至上の女神が、ゾンビとなって追いかけてくるというのだから、不敬というか、冒瀆(ぼうとく)というか、とんでもない記述である。

この神話に描かれている登場人物の身分には、確かに相違があるものの、課された禁忌を破ってしまったため、冥府から愛する人を連れ戻すことに失敗するというパターンは、どちらも共通している。

オイデプス神話が教えるものとは

金関丈夫氏が、ヤマトタケルとの類似性について考察しているギリシア神話のオイデプス（エディプス）について、述べておこう。

テーバイ王ライオスは子を儲けると、その子にやがて殺されるという神託を受けるが、妃イオカステを愛するあまり、神託に背いて子を生してしまう。そこで、家来に命じて、わが子を殺させようとするが、家来は殺すにしのびなく、踵を剣で突いて、その血を証拠として、王に殺したと報告する。

赤ん坊は、踵が脹れた状態でコリント王ポリュボスに発見され、妃メロペーに実子として、育てられることになる。オイデプスとは、脹れた足という意味だという。オイデプスは成人するに及んで、たまたま神託を聞く機会があり、ショックを受ける。父を殺し、母と結婚するという神託である。ポリュボス王の実子と信じ込んでいるオイデプスは、悩んだ末に父王を害することのないよう、コリントをあとにして、二度と戻らぬ決意で旅に出る。

旅路の途中、オイデプスは、テーバイの近くにやってくる。たまたま、三叉路にさしかかり、前方から来た馬車と、道を譲れ、譲らないというトラブルになり、事の成り行きから馬車の御者ばかりでなく、乗っていた貴人まで、殺害してしまう。それは、王子の実父にあたるライオス王であったが、オイデプスが知るよしもない。

その頃、テーバイの近郊には、女の顔に獅子の体を持つ怪物スフィンクスが現われ、通りがかりの人々に謎かけをして、答えられないと食い殺してしまうため、都は恐怖の渦に包まれていた。

そうした際、ライオス王が、何者とも知れぬ相手に殺されてしまう。宰相は決断する。もし、スフィンクスを斃す者が現われれば、未亡人となった王妃イオカステと結婚させ、テーバイの王とすると布告する。オイデプスは、謎を解く。現在も有名な、なぞなぞで、朝は四本足、昼は二本足、晩は三本足というもの、なーに？　答えは、もちろん人間。謎を解かれたスフィンクスは、崖から身を投げて死んでしまう。

オイデプスは約束通り、王妃イオカステと結ばれ王位に即き、男女四人の子にも恵まれ、めでたしめでたし、という運びになるところだが、運命が許さない。折しも、テーバイには、疫病と凶作が襲ってくる。神託を仰ぐと、ライオス王を殺した祟りだと告げられ、犯人を明らかにしない限り、不運は去らないと出る。

王の死の真相を調べてみると、オイデプスにも思い当たることがある。はじめて、あの時に殺した男こそ、ライオス王だと判明する。さらに、残酷な事実が明らかになる。ライオス王は、彼の実父であり、しかも、彼が結婚した王妃イオカステは、彼の産みの母だと判る。真相を知ったオイデプスは絶望のあまり、われとわが目を抉り出す。王妃イオカステは、恥じて自殺してしまう。

盲目となったオイデプスは、娘のアンティゴネーに伴われ、贖罪の旅に出る。そして、最後は、アテナイに辿り着き、クレタ島の怪物ミノタウロスを退治したテセウス王の庇護のもとで、静かな余生を送ったという。まったく救いのない神話だが、最後にはささやかな幸せを用意している。

オイデプス神話のあらましを、紹介したのだが、紀元前五世紀の神話作者ソフォクレスの伝える物語に準拠した。ソフォクレスが、多くの異伝に、さらにエピソードを足して、ふくらませた部分も少なくないとされる。

異伝の一つによれば、スフィンクスの謎は、オイデプスの運命を定める呪いだったという。晩には三本足という部分は、通常は老齢になった人が杖を頼りにすることを意味すると解釈されるのだが、盲目になったオイデプスが杖を頼るようになると呪いを込めて、予言したものだとする。

いわゆるギリシア悲劇の典型的な演目となっているが、日本神話との違いは、古代ギリシアが、テーバイ、アテナイ、スパルタなど、多くの都市国家に分かれていたため、先のソフォクレスのような多くの神話作家によって、もともとの伝承をふくらませて、より優れた文学作品として、完成させた点だろう。

日本神話の場合、『魏志倭人伝』に「文書をもって伝送す」という一文があるから、早い時期から漢字がもたらされていたのだろうが、口承された物語が、記録されることは少なかったに違いない。また、『古事記』の序文で太安万侶が「削偽定実（偽りを削り、実を定める）」と断わっているように、多くの口承の中から、いわば公式見解のような伝承しか、採録しなかったのである。『日本書紀』の場合、「一書に曰く」として、異伝も載録しているものの、すべての口承が集められたわけではないだろう。

オイデプスの物語も、ソフォクレスに代表される多くの神話作者の手を経(へ)て、文学として完成されたものなのだろう。これに対して、似ているとされるヤマトタケルの物語は、『記紀』によって、口承伝説が整理された形で伝えられたため、その過程で捨てられたエピソードも、少なくなかったのかもしれない。

ギリシアと日本を繋いだ、ある遊牧民族

ともあれ、ヤマトタケルにおけるエディプス・コンプレックスについては、後章で記すとして、ギリシア神話と日本神話について、なぜよく似たモチーフがあるのか、一応の説明をしておくとしよう。

はるか遠く離れたギリシアと、アジア大陸の東に位置する島嶼(とうしょ)国家である日本と、どうして共通する神話モチーフが伝わっているのか、定説となる説明は、今のところ存在しない。

ただ、一つの推論が、私には、真実味を持っているように思える。現在のウクライナの黒海(こっかい)沿岸には、ギリシア系の人々が住んでいたが、その近くでは、スキタイとい

う遊牧民族が、定住はしないものの、あちこちに出没していた。彼らは、接触が増えるにつれて、ギリシア系の人々から多くを学ぶ機会を持つようになった。

ギリシア神話も、その一つである。スキタイ人は、驚異ともいえる見事な黄金文化を残すのだが、文字を持たなかったため、多くの記録は、ギリシア人を含めた他の民族に頼るしかない。のちにローマに伝わったように、ギリシアの神々の世界(パンテオン)も、スキタイ語に訳されて、採用された。最高神ゼウスはパパイオス、大地の神ゲアはアピ、風の神アポロンはゴイトシュロスというふうである。

ただ、そのままギリシア神話を導入したかというと、そうでもない。スキタイは、ギリシア神話の暖炉(だんろ)の神ヘスティアに相当する神タビティを、至上神としたのである。

ギリシア神話でも、ヘスティアは、一家団欒(いっかだんらん)をつかさどるとされ、オリンポス十二神の末席に列(れっ)せられるものの、ゼウスをしのぐ存在ではない。なぜ暖炉の神を最高位に据(す)えたかというと、スキタイ人が遊牧をしながら、渡り歩いている環境が、寒く厳しい世界だったからであろう。そのため、一家団欒のシンボルであるタビティ(ヘスティア)を、至上神に祀り上げたのである。

スキタイは、歴史の折々に、マケドニアのアレキサンダー大王（アレクサンドロス大王）、ペルシアのダリウス大王（ダレイオス一世）などと戦い、善戦しているものの、都市文明を築くことなく、やがて衰退していく。かれらの支族は、シベリアや中東にも進出する。

こうして、スキタイ人の支族が、シルクロード方面で、漢民族と接触したと思われるのだ。しかし、その漢文化圏には、ギリシア神話を連想させるモチーフの神話は見つからない。おそらく、一部では知られたのだろうが、中華思想と呼ばれる自民族中心主義（ethnocentrism）のため、こうした異文化に関心を払わなかったのだろう。さらに、それが、中国経由で日本に伝わったと仮定しても、その経緯、時代など、傍証すら存在しないから、まさに謎と言う他はない。

第二章

『記紀』におけるヤマトタケル

新王朝・纏向王朝の成立は何を意味するか

『記紀』によれば、ヤマトタケルは、皇統十二代に当たる景行天皇の皇子として生まれた。ただし、天皇号は、のちの推古女帝、あるいは天武天皇の時代になって、はじめて使われるようになったものだから、当時は大王あるいはスメラミコトと呼ばれていたようである。景行天皇は、和名をオオタラシヒコオシロワケという。

誤解を招きやすいのだが、こうした長ったらしい和風の名前が、本来のものであって、景行天皇といった漢風の名は、奈良時代になってから、諡号（贈り名）として、あとで付けられたものである。歴代天皇の漢風の諡号を命名したのは、壬申の乱で敗死した大友皇子の曾孫で、臣籍に降下した淡海三船である。皮肉なことに、悲劇の曾祖父に弘文天皇という諡号を贈ったのは、この人物ではない。維新後、大友皇子も歴代天皇に数えようと決めた、はるかのちの明治天皇である。

ヤマトタケルの生い立ちについて述べる前に、今しばらく、いわゆるヤマト王権（ヤマト政権、大和朝廷とも）の成立について、簡単に触れておかなければならない。

日本初代の天皇は、カムヤマトイワレヒコノミコト、神武天皇であるとされる。実在を疑う学説も有力だが、ここでは踏み込むまい。以後、二代から九代までの天皇は、妃や子女の名を記すだけで、ほとんど事蹟を記録していない。そのため、欠史八代と呼ばれ、しばしば実在を疑われる。

　実際の歴史らしいものが始まるのは、十代目という区切りの良い位置に記録される崇神天皇からである。系譜から見ると、ヤマトタケルの曾祖父に当たる。この天皇は、いちおうは前代の開化（かいか）天皇の子とされているが、何やら、新王朝の開祖のような扱いになっている。いわゆる纏向（まきむく）王朝である。

　崇神天皇十二年秋として、『日本書紀』は、奇妙な記事を載せている。念のため、現代語訳しておこう。

「人民のことを考えて、仕事を与えた。男子は弓矢で獲物を取り、女子は織物を織（お）った。このため、神々も安んじて、風雨も順調で、穀物もよく実り、家も人も満足し、天下太平になった。それゆえ、御肇国天皇と申し上げた」

　御肇国天皇は、ハツクニシラススメラミコトと読む。『古事記』は、「初国（はつくに）、知（し）らす天皇（すめらみこと）」と書いているから、まさしく初代天皇を意味する。初代天皇は、神武天皇とされているから、初代天皇が二人いることになり、矛盾する。

余計なことだが、『日本書紀』の筆癖(ふでくせ)のようなものを説明しておくべきだろう。現在、人民というと、左翼の用語のようだが、『日本書紀』は、国民と呼ばずに、かならず人民という用語を用いている。

それはともかく、崇神天皇は、四方面に将軍を派遣して領土を広げたり、いろいろな事蹟を残しているから、前代の欠史八代の天皇とは、明らかに異なる筆致で記録されている。エポックメーキングな天皇だったのだろう。江上波夫(えがみなみお)氏は、御間城入彦(みまきいりひこ)という名から、崇神天皇を「任那(みまな)の城から入ってきた彦(男子)」と解釈して、騎馬民族の初代の征服者と解釈している。

崇神、垂仁、景行、そしてヤマトタケルへ続く、いわゆる纏向王朝は、奈良盆地の東側の山の辺に興(おこ)った。同一の系統かどうかは確認されないが、考古学的にも、巨大な権力構造が弥生時代からすでに存在したことが確認されている。いわゆる纏向遺跡の発掘調査が進むにつれて、多くの事実が判明してきた。日本最初と思われる宮殿の遺構も、発掘されている。

　奈良県に現存する山の辺の道の途中には、いろいろ見るべき史跡などがあるから、ハイキングコースとしても人気がある。私が山の辺の道を歩いていた時、崇道（すどう）天皇陵という小さな古墳のところに出た。聞いたことのない天皇だと、その時は疑問に感じたものだが、それも当然、実在の天皇ではなかった。

　実は、平安遷都で有名な桓武（かんむ）天皇の同母弟、早良（さわら）親王を祀った陵（みささぎ）なのである。早良親王は、無実の罪で死に追いやられた皇子で、のちに冤罪（えんざい）と判ってから、桓武天皇の皇子などの病気や異変が頻発することになり、この親王の祟りだということになった。そのため、実際には即位していない早良親王に、天皇号を追謚（ついし）（あとで贈る）して、ここに陵を建てたのだという。

　平安時代には、御霊（ごりょう）信仰というものが発生するのだが、のちの菅原道真（すがわらのみちざね）による怨霊信仰の走りとなる出来事である。

　崇神の次の垂仁、景行の二代に関しても、この山の辺の道に、モニュメントが残っている。垂仁天皇の都については、纏向の珠城宮（たまきのみや）の跡地だとする案内板が、道沿いに立っている。『日本書紀』の記述通り、わざわざ纏向の地名を冠（かん）している。もっとも、都といっても、首都という現代式の意味ではない。都とは、もともと宮処（みやこ）と書いたもので、大王の宮殿のある場所でしかない。歴代の天皇（大王）が崩御すると、その宮処は、死の穢（けが）れに染まると考えられていた。その都度、宮処を移す習慣は、飛鳥時代まで続いていく。古代日本人が、どれほど死穢（しえ）を忌（い）み恐れたかという証（あかし）である。

ヤマトタケルの父親の景行天皇の宮処も、この道に沿ってあり、『日本書紀』に纏向の日代宮（ひしろのみや）と記されている。また、この天皇のものとされる陵も、崇神陵と同じく、この道に沿ってある。初期の前方後円墳で、のちの河内王朝＝応神王朝のホタテ貝型のものと異なり、同じく前方後円墳ではあるが、鍵穴型をしている。

外国人に説明する時、キーホール・タイプとシェル・タイプと翻訳すれば、すぐ判ってもらえる。ちなみに古墳は、英語では、Mausoleum（モーソリアム）と言い、リのところにアクセントがある。なんでも、かつて小アジアにいたマウソロス王が、壮大な墳墓を造ったからだそうだ。

箸墓古墳から判ること

崇神陵、景行陵の他、もう一つ二百メートル級の初期前方後円墳がある。桜井市にある箸墓古墳で、長さ二百七十八メートルもある。これら巨大古墳の被葬者が、人民を動員する大きな権力を持っていたことは間違いない。

箸墓に関しては、奇妙な伝説が、残されている。これほどの巨大古墳に埋葬されたにしては、被葬者は天皇ではないとされる。欠史八代の大王の血筋とされる倭迹迹日百襲姫という舌を嚙みそうな長い名前の女性である。

近くの大神神社に祀られる大物主神が、この姫のところへ通ってくるのだが、夜しか訪れないことを怪しんで、正体を見せてほしいと頼むと、神は小蛇に姿を変えて、櫛箱に忍んでいた。櫛箱を開いた姫は、びっくりしたはずみに、箸で陰部を突いて、死んでしまったという。

この記述の奇妙さも、さることながら、箸墓には、もう一つ重要な意味付けがなされている。この古墳の築造年代は、以前は四世紀とされていた。かつて考古学者の笠井新也氏が、邪馬台国＝大和説を唱えた際、この箸墓を女王卑弥呼の墓に比定したため、年代が合わないとして、学会では一笑に付された。

しかし、近年、古墳の編年研究が進んだことにより、箸墓の築造年代は、三世紀半ばまで遡りうるとされるようになった。そうなると、卑弥呼の死亡年代と一致するから、あながち卑弥呼の墓という説も、荒唐無稽ではなくなる。そうなれば邪馬台国＝大和説の有力な傍証になる。

実際、ただちに文献とは結びつかないものの、先に挙げた纏向遺跡ばかりでなく、近くに唐古・鍵遺跡という重要な史跡があり、出土した土器の絵に、変わったデザインの二階建ての建物が描かれていた。『魏志倭人伝』に記録される「楼閣」という建物ではないかとニュースになり、復元されている。そうなると、邪馬台国の候補地として、有力な証拠になりうる。

ただ、そう断定するのは、早計だとする説も少なくない。かつて人気を誇った九州説のメンバーに比べて、纏向説を主張する関係者のほうが、マスコミ利用に長けているせいでもあるらしい。

邪馬台国の是非は置くとしても、このあたり一帯が、畿内の弥生～古墳時代にかけての重要な中心地だったことは、確かである。三百メートル近い巨大な前方後円墳を三基も築くためには、相当数の豊かな人民がいなければ不可能だろう。

当時、奈良盆地は、海退湖（かいたいこ）の名残（なごり）の湿原になっていた。初期の稲作では、日本人におなじみの田んぼは、まだなかった。湿原の周辺部の浅いところに稲を植え育てるのである。深いところだと、苗が根腐れしてしまうからである。そのため山の麓（ふもと）の湿原に近いあたりに宮処や住居が作られ、山の辺の道で結ばれていたのである。それ以前の縄文時代には、集落の住居は、もっと上のほうに営まれていた。

伊勢神宮とヤマトタケル

各地へ四道将軍を派遣するなど、あたかも新王朝のような崇神天皇の治世だが、ヤマトタケルとも関わりのある二つの出来事についても記している。

一つは、宗教政策である。その頃、国中に疫病が流行した。そこで、天皇は、王家の祖神（そしん）である天照大神（あまてらすおおみかみ）を王女の豊鍬入姫（とよすきいりひめ）に託（たく）して、山の辺の道に沿った笠縫（かさぬい）に祀らせた。そして、大国魂神（おおくにたまのかみ）を渟名城入姫（ぬなきいりひめ）に命じて、祀らせようとしたところ、姫は、髪の毛が抜け、痩(や)せ衰(おとろ)えてしまったという。

大国魂神とは、大物主神の別名だとされる。大物主は、出雲神話の大国主神とも同一視されている。困り果てた天皇の夢枕に、大物主神が現われ、大田田根子(おおたたねこ)という人物に自分を祀らせるようにと告げる。探してみると、夢のお告げ通りに、大田田根子が見つかったので、さっそく大物主の神を祀らせる。

一方、いったん笠縫に祀った天照大神のほうも、うまくいかない。次の時代の話になるが、豊鍬入姫を、同じく王女の倭姫(やまとひめ)と交代させ、祀るべき場所を転々と探し回らせる。やがて、大和からはるか離れた伊勢国に辿り着き、そこに祀ることに決める。伊勢国に決まるまで、のちに元伊勢(もといせ)と呼ばれる候補地が各地にあった。なかには、京都府の丹後(たんご)地方にすら、元伊勢が存在したほどである。

これが、伊勢(いせ)神宮（伊勢市）の縁起であり、倭姫は初代の斎王(いつきのみこ)となる。後世に斎王(さいおう)（斎宮(さいぐう)）と音読されるようになり、伊勢神宮では、歴代にわたって未婚の皇女が、斎皇女(いつきのひめみこ)を務(つと)めることになる。

民俗学でいう神婚(しんこん)というモチーフで、神様と結婚したようなものだから、生涯独身を通さなければならない。インカ帝国などでも、太陽神に仕えるママキーヤという処女が記録されている。のちに、斎王のスキャンダルも、『日本書紀』に記録されている。なかには、掟を破る皇女もいたわけである。倭姫は神に仕える処女であるから、自分が子を産すことはない。その分、甥のヤマトタケルに愛情を注いだわけだろう。

古代を解く鍵・崇神天皇と出雲

崇神天皇の治世で見るべき出来事は、出雲との関係である。以前から交流があったのだろう。出雲系の大物主神が、大和でも信仰されていて、王家の祖神の天照大神のほうが、かえって纏向から追い出され、伊勢国に逃げ出したような結果に終わったことは、先に書いた通りである。ここが日本の宗教の特異な点だろう。

もしヨーロッパなら、大物主神の信仰を邪教として、弾圧する場面だろうが、日本では逆になる。天皇みずから、大物主を祀る人物を探してやる。カトリック教会が、イスラム教の導師を斡旋してやるなどということは、ヨーロッパではありえない。

出雲は、宗教戦争では大和に勝利したようだが、軍事的には負けていたようである。纏向王家は、将軍の物部十千根に命じて、出雲の神宝を献上させたりしている。これから紹介するエピソードも、こうした歴史を反映したものだったのだろう。『日本書紀』では、その色はないのだが、『古事記』では、ヤマトタケルの事蹟として記録されている。

『日本書紀』では、出雲王家の内紛が描かれている。出雲の王である振根が、筑紫へ出かけている間に、弟の飯入根が、天からもたらされた神宝を、大和へ献上してしまう。戻った振根は、たやすく神宝を渡したことを非難する。年月が経っても、振根は、この恨みを忘れず、飯入根を殺そうとして止屋の淵へ誘い出し、一緒に泳ぐ。この時、振根は、一本の木剣を用意する。水から上がったところで、振根は、弟の剣を取る。びっくりした飯入根は、兄の剣を取って戦おうとするのだが、それは木剣だから役に立たない。こうして飯入根は、あえなく殺されてしまう。世の人は、こう歌ったという。

八雲立つ　出雲梟帥が　佩ける太刀　黒葛多巻き　さ身無しに哀れ

八雲立つは、出雲にかかる枕詞で、島根県松江市近傍の気象条件を、まさに表わしている。今日でも、松江では、財布忘れても、傘忘れるな、というくらいである。

余談はともかく、大意を取ってみよう。

「出雲梟帥が佩いている太刀は、黒葛を何重にも巻いてあり、（見かけは立派だが）刀身がないから哀れなものだ」

これと同じ文脈の物語が、『古事記』にもあるが、こちらは、崇神朝のことではなく、二代後の景行朝のこととして、出雲王家の内紛ではなく、争いの一方をヤマトタケルとしている。ヤマトタケルは、九州遠征（後述）の帰途、出雲に向かい、出雲建を殺そうと考え、偽って友人となり、川遊びに出かける。以下の段取りは、『日本書紀』と同じで、太刀をすり替えて、相手に木刀を取らせるように仕向け、自分は相手のものである本物の刀を抜いて、殺害してしまう。

ほぼ同じ歌が、『古事記』にも載っているが、ヤマトタケル自身が詠んだことになっている。最初の一行だけ、『古事記』では異なっている。「やつめさす」となっている。「八雲立つ」が、出雲の枕詞だと、前に説明した。この部分、「八雲立つ」の誤記ではないかと思ったが、原文が似ても似つかない。『日本書紀』のほうが、『古事記』より漢文調が強いのだが、歌などは万葉仮名で発音を表記している。原文は、「夜都米佐須　伊豆毛（いずも）」となっている。夜都米佐須は、「やつめさす」と読んでいるものの、手持ちの岩波版『古事記』の校注者も、他に用例がないとして、お手上げ状態である。

古代出雲の征服者として、『古事記』は、ヤマトタケルの名を挙げているのだが、学会で疑問視される出雲王朝の実在を、示すものだろう。

古代出雲王朝の存在を否定する説が一般的で、狭小な出雲地方には住居址も発見されていないし、王国と呼ばれるほどの人口があったとも思えないという根拠らしいが、これも近年の知見では変わってきている。

島根県ばかりでなく、鳥取県まで含めて、古代山陰王国のようなものを想定すれば、妻木晩田（むきばんだ）遺跡のような巨大な住居遺跡もあるし、出雲（いずも）大社（出雲市）の巨大神殿のモデルのような遺構が発見された田和山（たわやま）遺跡もある。何よりも多くの銅剣（どうけん）が発見された荒神谷（こうじんだに）遺跡、多くの銅鐸（どうほこ）が出土した加茂岩倉（かもいわくら）遺跡など、大発見が続いている。

私見だが、出雲王国はこうした豊かな文化を背景として、朝鮮半島との貿易で栄えたのではないだろうか。

『日本書紀』は、出雲王家のもう一人の弟として、韓日狭（からひさ）という人物を登場させている。文字通り、韓日の狭（はざま）だろうから、日韓の混血児だったと考えられる。

出雲地方には、韓のつく地名が多い。島根県立大学で教えていた時、五十猛（いそたけ）ドライブインというのに出くわし、驚いた記憶がある。五十猛命（いそたけるのみこと）とは、須佐之男命の息子にあたる神で、近くの浜辺には、この神が父神と共に新羅から戻り、上陸したという伝承もある。ドライブインの名に使われるほど、出雲ではポピュラーである。

狭小な出雲地方に、大きな王国など存在しえないというのが、学会の定説だが、大和が出雲の神宝に執着したというエピソードからも、豊かな国を思わせる内容である。私の小説『出雲のヤマトタケル』でも、こうした『記紀』の記述を背景として使わせてもらった。

崇神天皇の奇妙な後継者選び

崇神朝では、後継者選びが、古代的な奇妙な方法で行なわれている。当時は多くの子女がいたのだが、有力な皇子は、豊城命(とよきのみこと)と活目尊(いくめのみこと)の二人に絞(しぼ)られた。天皇としても、どちらを後継者とするか、決めかねている。そこで、二人に見た夢を報告させることにした。兄の豊城命は、こう答える。

「みずから三諸山(みもろやま)の峰に登って、東に向かって、八回にわたり矛(ほこ)を振り回し、八回にわたって剣で撃ちました」

これに対して、弟の活目尊は、こう答える。

「みずから三諸山の峰に登って、縄を四方に張り巡らせて、粟(あわ)をついばむ雀を追い払いました」

天皇は、二人の皇子の夢を判断して、こう仰(おお)せられたという。

「兄は、東の方角へ赴(おもむ)き、東の国を治めるがよい。弟は、四方ことごとくを望んで、朕(ちん)の国を継ぐがよい」

こうして活目尊を立てて皇太子とし、豊城命には、東の国を治めさせた。これが、上毛野君（かみつけのきみ）、下毛野君（しもつけのきみ）の始祖となった。それぞれ、現在の群馬県と栃木県南部を支配する豪族である。

崇神天皇は、六十八年の在位ののち崩御し、次の垂仁天皇が立つ。いかにも長命な天皇のようだが、のちの推古朝になってから、讖緯説（しんいせつ）という中国の暦法を採用して、公式見解が定められたとされる。その際、神武天皇から数えて逆算するためには、欠史八代と言われる架空と思われる天皇を加えても、まだ足りないので、在位年間を水増ししたものと考えられ、古い天皇ほど、超自然的な長寿のごとく記録されているが、ヤマトタケルの事蹟とはずれるので、踏み込まないでおこう。

ヤマトタケルの祖父とされる垂仁天皇の治世が始まるのだが、この代には、際立（きわだ）った特徴がある。朝鮮半島との関わりが増えてくるのである。崇神天皇の名が、御間城（みまき）入彦（いりひこ）であることから、江上波夫氏が、任那（みまな）（韓国でいう加羅（カラ）地方）から来た初代の征服者だとする騎馬民族征服説を唱えたことは、よく知られている。この説が、そのまま通用するかどうかはともかく、これまでの学会の定説に一石を投じたことは間違いない。

『日本書紀』には、任那日本府なるものが朝鮮半島に存在した、とある。戦後の『記紀』批判の風潮のなかで、こうした解釈は、皇国史観と見做されたため、支持すれば学者的な生命を絶たれるとまで言われた。また、韓国でも、日本寄りと見做されることは、何事につけても致命的とされる国だから、古代加羅国についての研究は、なおざりにされてきた。

しかし、『魏志韓伝』には、「弁辰瀆蘆国は倭と界を接す」と書いてある。弁辰とは弁韓とも言い、のちの加羅国あたりで、日本でいう任那と重なり、現在の慶尚南道、全羅南道の南部地域である。また、それ以前の記録でも、『後漢書』には、「韓は倭と接す」ともある。地図を見るまでもなく、日韓は玄界灘で隔てられているから、接しているわけがない。そうなると、なんらかの倭の権益が、朝鮮半島の南部に存在したことを認めざるをえない。この任那地方との交流は、『記紀』にも、たくさん記録されているが、朝鮮の『三国史記』『三国遺事』にも、記されている。

垂仁天皇が、後継者に選ばれた理由は、父親に命じられた夢占いで「縄を四方に張り巡らせて、粟をついばむ雀を追い払いました」と答えたからである。つまり、この夢は内政に力を注ぎ、農業生産力を上げることを、象徴しているわけだ。

ヤマトタケルの祖父・垂仁天皇の治世

ところが、垂仁の治世は、即位するなり、内政そっちのけで、朝鮮半島に関する記事ばかりになる。任那人のソナカシチという者が帰国したいと願い出たので、任那の王への土産など持たせて行かせたのだが、途中で新羅人に奪われてしまったという。

また、崇神朝に、額に角がある人が、越国にやってきて、ツヌガアラヒト（角がある人?）と名乗り、意富加羅国の王子だと称する。間違って長門国（現・山口県西部）方面に行ってしまい、土地のイツツヒコという男が、自分が王だと名乗るのだが、どうも腑に落ちないので、出雲などさまよってから、やっと大和へやってくる。三年ほど垂仁に仕えたのち、これも帰国を申し出るが、新羅人に土産を奪われるくだりは、その前の条と同じ成り行きになる。

以後、ずっと新羅との敵対関係が続くことになるのだが、その翌年には、新羅の王子天日槍がやってくる。日本に聖皇がいると聞いて、やってきたとするが、何かの史実を反映しているとすれば、新羅の事情によるものだろう。

新羅は、天降三姓(チヨンガンサムソン)と呼ばれる朴(パク)、昔(ソク)、金(キム)の三つの家系から、回り持ちで王を出す制度だった。そのため、政争が絶えない。王位を争って敗れた側は、新羅に留まれば殺されるかもしれないから、新天地を目指す。それが日本列島である。単なる亡命者ではない。一族郎党を率いて渡来してくる。『播磨国風土記(はりまのくにふどき)』では、『日本書紀』とは異なる伝承が記録されている。それによれば、天日槍は、八千軍(やちぐさ)を率いて荒らしまわったとされる。古語「いくさ」とは、現代の戦争という意味ではなく、軍隊を指す。のちに八千草などと優雅な字を当てられるが、元は軍の字だった。八千は実数ではないだろうが、相当数の軍勢である。さらに、天日槍は、大物主神とも戦ったとなっている。『播磨国風土記』は、日本では珍しい巨神伝説のような体裁になっている。

私の小説『巨神国のヤマトタケル』では、母稲日姫(いなびひめ)（後述）の生まれ故郷である播磨国（現・兵庫県南部）の日女道(ひめじ)（同県姫路）を舞台とした。

垂仁朝を揺るがす大事件は、皇后の兄の狭穂彦(さほひこ)の謀反である。狭穂彦は、妹に天皇を暗殺させようとするが、皇后にはできない。やがて、謀反が発覚して、狭穂彦は敗死するが、皇后も兄に殉(じゅん)じてしまう。

つづいて相撲(すもう)の起源を示す逸話がある。有名な野見宿禰(のみのすくね)と當摩蹴速(たいまのけはや)の対決である。当時のルールは、まさにデスマッチで、宿禰が蹴速を、蹴り踏みつけて、殺してしまう。山の辺の道には、この故事を踏まえて、相撲(すもう)神社（桜井市）がある。

謀反に連座したようなかたちで、皇后を亡くした垂仁は、新たに皇后を立てたばかりでなく、その妹を三人まとめて妃とするのだが、うち一人は美人でなかったため、国元へ帰されることになり、絶望して自殺してしまったというエピソードも記されている。

以後、倭姫を伊勢神宮の斎王に任じたり、弟の倭彦が薨去(こうきょ)した際、家来を生き埋めにしたりした逸話が続く。首だけ出して泣き叫ぶ声が悲惨なので、先の相撲の勝者野見宿禰の進言で、人の形をした土器を代わりに埋めることにしたという。埴輪(はにわ)の起源を示す説明説話というものである。

家来を生き埋めにする例は、中国や朝鮮では見られるが、日本では、考古学的にも発掘例がない。たとえば韓国では、加羅文化に属するとされる池山洞（チサンドン）古墳群の四十四号墓では、殉葬された数十体の人骨を実物大で再現した、不気味な展示が行なわれている。

『日本書紀』は、天日槍が隠した宝物の話などを、駆け足で記してから、垂仁の治世の終わりに向かう。天皇は、田道間守（たじまもり）に命じて、非時香菓（ときじくのかくのこのみ）なるものを探しに行かせる。今（『日本書紀』の時代）、橘（たちばな）というのが、これだと説明してある。ミカンの起源だろう。残念ながら、田道間守が帰国した時、垂仁は崩御したあとだった。例によって、その治世九十年、宝算（ほうさん）（崩御した年齢）百四十歳というから、もとより史実ではありえない。

ヤマトタケルの父・景行天皇のロマンス

こうして、時代は、ヤマトタケルの父・大足彦（おおたらしひこ）（のちの景行天皇）の治世に移っていく。ヤマトタケルは、本名を小碓（おうす）と言い、兄の大碓（おおうす）と共に、双子として生まれた景行天皇の最初の子である。『古事記』は、その上に、別な皇子の名を記しているが、

ヤマトタケルの家系図

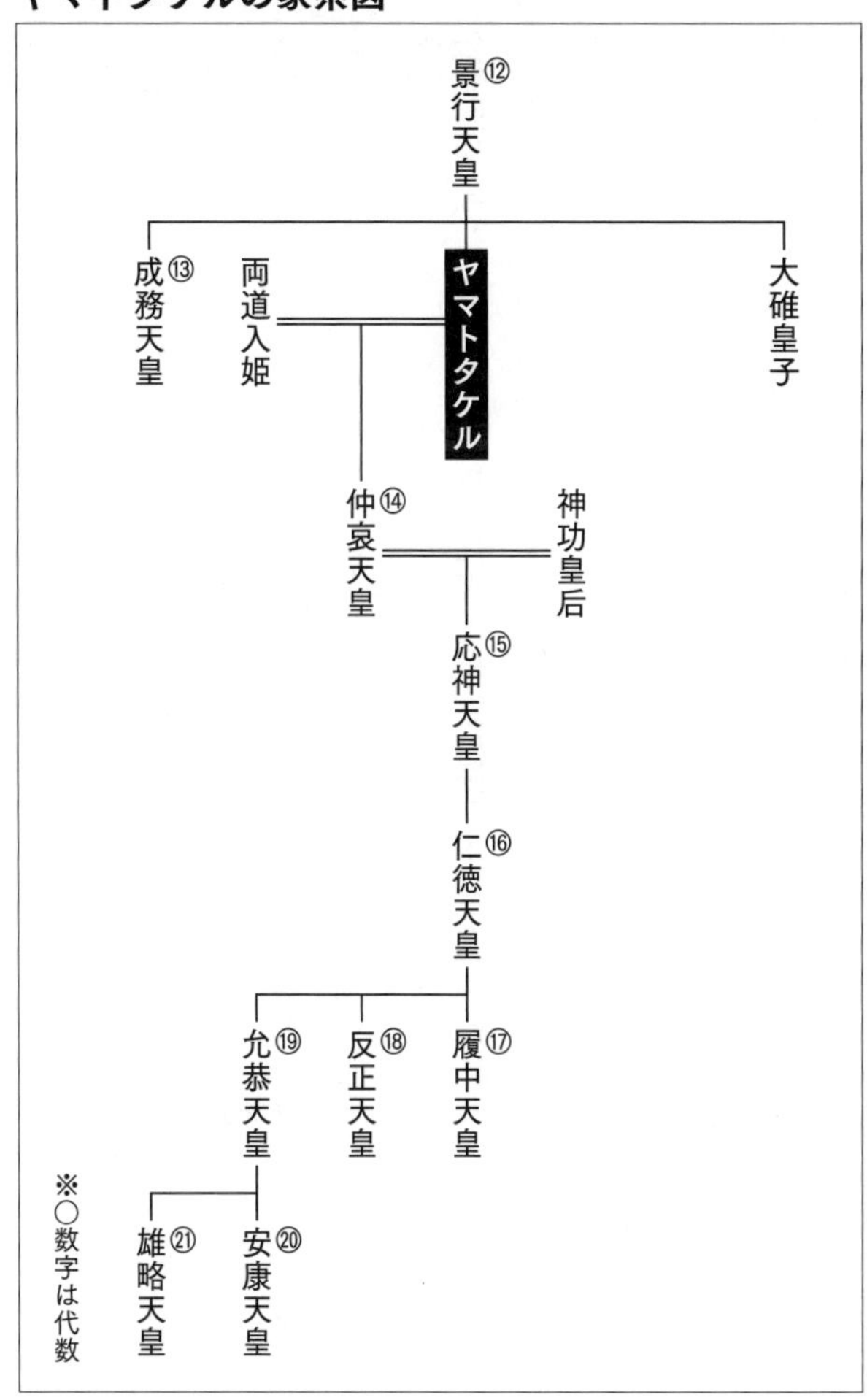

景行天皇⑫
成務天皇⑬
両道入姫
ヤマトタケル
大碓皇子
仲哀天皇⑭
神功皇后
応神天皇⑮
仁徳天皇⑯
允恭天皇⑲
反正天皇⑱
履中天皇⑰
雄略天皇㉑
安康天皇⑳
※○数字は代数

他に所伝がないので、ここでは省略する。双子が生まれたのを知って、天皇が驚いて碓に飛び乗ったのが、その名の由来だとされる。

『日本書紀』は、景行天皇紀の最初に、天皇自身や兄の大碓には触れずに、ヤマトタケルの人となりを、いきなり説明している。この部分、訳出してみよう。

「この小碓の尊は、またの名を日本童男、または日本武尊という。幼くして雄略な気があり、成人してからは容貌魁偉で、身長一丈で力は鼎を持ち上げられるほどだった」

この記述を読む限り、並外れた体軀を持つ豪傑のイメージになるが、この部分、中国の『史記』の項羽本紀の文章を借りて書いたものと、判明している。ヤマトタケルの偉大さを示そうとしたため、誇張した表現になったのだろう。

母は、稲日姫という。古代帝王には多くの妃がいたが、この姫が皇后とされている。もとより、皇后という名乗りは、後世のものであり、それ以前は、天皇、大王と同様に、大妃と呼ばれていたようである。

『播磨国風土記』は、皇太子時代の景行天皇と、稲日姫のロマンスを伝えている。当てている漢字が異なるので、判りにくいのだが、『古事記』では、針間之伊那毘能大郎女（はりまのいなびのおおいらつめ）と表記している。伊那毘（いなび）とは、印南（いんなみ）のことで、稲日とも表記される。

この頃、播磨国の印南（いんなみ）地方（現・兵庫県高砂（たかさご）市、姫路市、加古川（かこがわ）市あたり）に、印南の別嬢（わきのいらつめ）という評判の美人がいた。大足彦は、ぜひとも会いたいと思い、播磨国を訪れる。播磨国と摂津（せっつ）国（現・大阪府北西部、兵庫県南東部）の境界に川があり、渡し守に掛け合うが、埒（らち）が明かない。大足彦は、渡し守を朕公（あぎみ）と呼んで下手に出て、プレゼントなど与え、ようやく渡してもらえる。皇太子ともあろう人が、たかが渡し守を朕公と持ち上げたのは、播磨一の美人に逢いたい一心からだったのだろう。ここは、のちのちまで「朕公（あぎみ）の渡し」と呼ばれるようになったという。

やがて、姫の白い愛犬に吠えられたりしたのち、ある島にいることを突き止め、ようやく願い叶って、稲日姫と会える。

『播磨国風土記』は、宮殿を建てたり、姫の侍女（じじょ）を腹心と結婚させたりしたエピソードを伝えるが、ここではヤマトタケルの生母となったことは記さない。若き日の大王と大妃のロマンスなのだから、幸せな結婚の様子など記しそうなものだが、途中で訪れた土地の地名説話など紹介するばかりで、ロマンチックでない。

それどころか、後年のこととして、稲日姫が故郷に戻って薨去したことを記し、奇妙な後日談を伝えている。遺骸を運んでいたところ、加古川の近くに来た時、大きな竜巻が起こり、妃の遺骸を川に落とし込んでしまい、とうとう見つからなかったとする。遺品は櫛と比礼（ハンカチ）だけだったという。そこで、これらを葬ったので、比礼の墓と名付けた。景行天皇は、嘆き悲しんで、この川のものを口にしなくなった。そのため、ここで捕れる鮎は、王家の食卓には上らないのである。

何分にも古墳時代のことだから、正確な年譜など判らないのだが、『播磨国風土記』を信じる限り、なんらかの事情で、稲日姫の大妃は、わりあい早い時期に、大和ではなく播磨で死んだということまでは、言えるだろう。ただし、『日本書紀』の記述では、景行天皇五十二年、ヤマトタケルよりあとに薨去したとしているが、天皇の治世の間、稲日姫は、ほとんど登場しない。また、天皇は、すぐさま次の皇后を立てるのだが、もしかしたら、天皇夫妻の間に、何かの確執があったのかもしれない。母親代わりを務めるのは、もっぱら叔母の倭姫である。

『日本書紀』の景行天皇紀に戻ろう。即位四年に、多くの妃、子女の記録が載っている。稲日姫とヤマトタケルについては、冒頭に記してしまったが、ここでは、他の妃や皇子、皇女など、詳しく書いている。もちろん、いっぺんに多くの妃が増えたわけではなく、『日本書紀』の筆癖のようなもので、一カ所にまとめているのが通例である。

しばしば〝万葉的な大らかさ〟などと形容されるくらいだから、性に関して奔放な時代だったが、景行天皇の場合、尋常でない。数えきれないくらい愛妾(あいしょう)がいて、名前の判っている子女だけで二十一人、名前の判らない子女五十九人、計八十人も子供がいたというから、いくらなんでも大らかすぎる。

双子の兄・大碓皇子は殺された!?

ここで、多くの妃、多くの皇子の名を列記して、読者を煩(わずら)わそうとは思わないが、この景行天皇四年の項には、注目すべき二つの記事が載っている。『日本書紀』から現代語訳してみよう。

「しかしながら、日本武尊(やまとたけるのみこと)、稚足彦(わかたらしひこ)の天皇(成務(せいむ)天皇)、五百城入彦(いおきいりひこ)の皇子を除いては、七十人ばかりの子は、国郡（くにぐに）に封じて、それぞれの国へ行かせた」
先に、長男であるにもかかわらず、夢占いによって、豊城入彦が、東国遠征に出され、弟の垂仁天皇が即位した逸話を紹介した。話が前後するが、ヤマトタケルの父親の景行天皇の治世でも、兄の印色（いにしき）皇子は即位せずに、鍛冶（かじ）をつかさどったりしている。

こうしたことから、皇位を継承する皇子以外は、外征に出してしまう制度があったとする学説もある。王子将軍（みこのいくさのきみ）という制度で、多くの皇子を畿内に留まらせておくと、お家騒動、内紛のもとになりかねないから、征服の道具に使うというわけだろう。やがて、ヤマトタケルも、この轍（てつ）を踏むことになる。

双子の皇子について、ヤマトタケルの英雄ぶりだけ、景行天皇紀で書いたものの、史書は、二人の育ち方など、まったく記述しないまま、この項においてはじめて言及する。色好みの天皇は、美濃（みの）国（現・岐阜県南部）の国造（くにのみやつこ）に美人姉妹がいると聞いて、大碓皇子に、見に行かせる。天皇即位後の四年で、双子の皇子は、ある年齢に達していたことになる。妃の稲日姫とのロマンスがあった太子時代に生まれたことになる。のちにヤマトタケル十六歳という記述があるから、双子の兄も、まだ十代半ばだったはずである。

それにしても、目を付けた女の品定めのためにティーンエイジャーの息子を行かせるというのは、いかにも乱暴な話だが、大碓皇子のほうもなかなかの曲者(くせもの)で、なんと美人姉妹を自分でものにしてしまう。『古事記』のほうは、それだけにとどまらず、別の女を国造の娘と偽(いつわ)り父親に献上して、ばれてしまうという顚末を記している。

その国造や姉妹の名は、『記紀』で異なるものの、物語の骨子はおおよそ同じである。天皇と大碓皇子の間に溝(みぞ)ができてしまい、皇子は王家の会食にも出てこない。そこで、天皇は、小碓皇子(ヤマトタケル)に、兄を諭(さと)すように命じる。ここまでは、『記紀』の記述で異同はないのだが、『古事記』のほうは、衝撃的な後日談を記している。

天皇は、参内(さんだい)するように大碓皇子を諭したのかと、ヤマトタケルに尋ねる。すると、ヤマトタケルは、確かに諭したと答えたのち、恐るべき事実を報告する。兄の大碓皇子が、厠(かわや)に入っているところを待ちかまえて捕らえ、手足をへし折って、薦(こも)にくるんで捨てたという。神話のことにしても、思いがけない展開である。このエピソードが象徴するものとはなんだろうか。

次に父親の景行天皇の反応が、記されている。「そこで、天皇は、この皇子の建く荒い性格を恐れて、こう勅した」と続き、そのあと西の国の熊襲征伐を命じることになるのだが、『記紀』で異同があるので、のちほど説明する。

ともあれ、天皇が、王位を脅かされかねないとして、わが子ヤマトタケルを恐れ、外征に送り出している点が、おおいに意味を持ってくる。

また、このエピソードにおける双子の兄の大碓皇子の扱いも、微妙である。父親が目を付けた国造の娘を、我がものにしてしまった不肖の息子として描かれているが、他になんら事蹟を残していない。まるで、ヤマトタケルに殺されるために、登場しているかのような扱いになっている。

この伝承における大碓皇子の存在理由（raison d'être）とは、いかなるものだろうか。心理学では、父親代理という存在が説かれる。抑圧者のイメージである。若者が社会に出た時、高圧的な上司に出会ったりすると、そこに潜在意識的な父親の投影を見ることになる。

また、フロイトの学説を発展させたカール・グスタフ・ユングは、世界各地にある竜退治の伝説における竜とは、父親を象徴していると説いている。つまり、龍（父親）を退治しない限り、男の子は、父親の権威を乗り越えて、成長することができないとするのである。本来の伝承では、ヤマトタケルの憎悪の対象となる相手は、父親の景行天皇自身だったのではないだろうか。

もちろん、オイデプスがライオス王を殺したように、ヤマトタケルが父親を害したわけではないが、のちに東征を命じられた時、叔母の倭姫に憤懣（ふんまん）をぶちまけた言葉に、父への不信感を爆発させることになる。

後述するように『古事記』では、ヤマトタケルの父親への不信感が書かれているのだが、まさにエディプス・コンプレックスそのままである。男の子が、父親を憎み、母親を愛する心理が、あの神話には象徴されている。大碓皇子は、その父親代行の役目を負わされ、殺されることになっている。

しかし、『日本書紀』のほうは、大碓皇子に関して、殺されたわけではなく、別の所伝を記している。それによれば、話はヤマトタケルが征西（後述）から帰還したのちのこととしてあるから、数年後のことになる。景行天皇四十年、東の国の蝦夷が背いたので、誰を鎮圧に派遣したら良かろうかと、臣下に向かって意見を求めるが、誰も答えようとしない。ヤマトタケルは、こう発言する。

「私は、征西から戻ったばかりで、疲れております。この軍役は、大碓皇子にお願いするべきです」

大碓皇子の反応を、『日本書紀』から訳出しておこう。

その時、大碓皇子は、愕然として草の中に逃げ隠れてしまったので、使者を遣わして、召し来させた。天皇は、責めて仰せられた。

「そなたが、欲しないことを強制するつもりはないが、敵と相対する以前に、あらかじめ恐れてしまうとは、情けない」

こう仰せになったうえで、天皇は、(大碓皇子を)美濃国に封じた。これが身毛津臣、守君の始祖となった。

この記述によれば、大碓皇子は、ヤマトタケルに殺されたわけではなく、美濃国の豪族の始祖となったことになる。美濃国の美人姉妹を、我がものにしてしまったくらいだから、美濃国に土地勘と人脈があったのだろう。

景行天皇みずからの九州遠征

いよいよ、ヤマトタケルが頭角を現わすことになるのだが、その前に父親の景行天皇の大遠征について、語っておかなければならない。『古事記』のほうは、大碓殺しという事件から、父の天皇は、わが子ヤマトタケルの荒い気性を恐れて、熊襲征伐に赴(おもむ)かせるという筋書きになっているが、『日本書紀』のほうは、その前に景行天皇自身による九州遠征について記録している。

即位十二年、熊襲が朝貢して来なくなったため、景行天皇は、みずから筑紫に渡った。熊襲とは、古代九州の山岳狩猟民族だが、しばしば一緒に扱われる隼人(はやと)とは、別種らしい。大和と九州とは、かなり離れている。途中、出雲、吉備(きび)など、独立国と思われる地方国家があるのを、さしおいて九州の熊襲が、ヤマトに朝貢していたことになっている。天皇は、周防(すおう)国（現・山口県東部）の佐麽(さば)（同県防府(ほうふ)市あたり）にやってきて、南のほうを眺めて、こう言ったとある。

「南のほうに、たくさん煙が立ち上っているが、敵がいる証拠だろう」

なんとも妙な話で、熊襲のテリトリーと思われる九州中央部が、山口県から見えるわけがない。ともあれ、天皇は、福岡あたりに赴き、神夏磯媛という女族長を手なずけ、敵対する部族長を殺した。

天皇は、ここに行宮を建てた。現在の福岡県京都郡の地名説話である。私も、その昔、バイクで九州ツーリングに出かける際、ロードマップでこの地名を見つけ、なぜ九州に京都という地名があるのか、不思議に思ったものだが、のちに景行天皇紀を読んで、はじめて納得したものだ。

天皇は、碩田国（現・大分県）にやってくる。ここでも速津媛という女族長が、土蜘蛛という蛮族が従わないと知らせてきたので、討ち滅ぼす。

天皇の遠征は、さらに日向国（現・宮崎県）を経て、襲国（現・鹿児島県）に及ぶ。いよいよ熊襲の本拠地である。熊襲梟帥には、市乾鹿文と市鹿文という二人の娘がいる。天皇は、偽って姉の市乾鹿文を寵愛する。彼女は、父親に酒を呑ませ、その弓弦を切っておく。こうして熊襲梟帥を殺したのち、天皇は親不孝だとして市乾鹿文を誅したという。利用されたあげく、父親を裏切り殺されたわけである。

　天皇は、熊襲征討を果たし、六年にわたって当地に滞在し、御刀媛という美人がいると知って、これも妃に加え、ここでも子を儲けている。先の神夏磯媛といい、速津媛といい、市乾鹿文といい、土地の女族長を味方につけて、敵を滅ぼしたあげく、さらに美人を手に入れるところが、モテ男の天皇の才能なのだろう。

　神武天皇の東征でも同様の手段で敵をだまし討ちにする場面があり、のちのヤマトタケルの遠征にも共通するのだが、現代のモラルで裁けば、卑怯とも陰湿とも取れる手段に訴えているものの、古代には、そうした行動を責める規範は存在しなかった。むしろ、詭計、謀略によって、最低限の損害で敵を倒した知恵が、もてはやされる時代だったのだ。

『日本書紀』は、景行天皇の九州遠征について、多くの種族との調略、戦闘などにページを費やしているのだが、先に述べたように『古事記』では、天皇の遠征の記事はなく、いきなりヤマトタケルの熊襲征討の物語に入っていく。『古事記』は、太（多とも書く）氏の家伝とする説もあり、太安万侶が、削偽定実と断わっているわりには、『日本書紀』にない逸話なども載せているから、もしかしたら、景行天皇の九州遠征は事実ではなく、のちのヤマトタケルの遠征の前触れのように、『日本書紀』がとりつくろって記述した可能性もあるだろう。

『日本書紀』では、ヤマトタケルの征西の前に、二つほど興味深い記事がある。天皇帰国後、すぐに五百野（いおの）皇女を遣わして、天照大神を祀らせたとある。どことも書いていないが、天照大神と言えば、伊勢神宮だろう。手元の『日本書紀』の註では、倭姫と交代したのだろうとするが、伊勢神宮の斎王は、倭姫のままでないと『古事記』の有名なシーンとつながらない。

また、武内宿禰（たけのうちのすくね）が帰国して、東国の蝦夷（えみし）について報告している。蝦夷は、東国から北海道まで、広い範囲で分布していた狩猟採集民族で、縄文人の生き残りだとする説が有力である。この記事が、のちのヤマトタケルによる東国遠征の布石となっているようだ。

熊襲の長から贈られた名

ようやく、ヤマトタケルは、熊襲を討つために出征するのだが、叔母の倭姫はタケルに、自分の衣装を与える。のちの東征では、神宝天叢雲剣を授けるのだが、戦争に行くのに女物の衣装とは解せない話とはいえ、神に仕える巫女である倭姫には、その衣装が必要となる事態を予見できたのだろう。

景行天皇の熊襲征討では、多くの部族と接触したのち、熊襲の本拠に到達したように描かれているが、『古事記』『日本書紀』共に、道中の逸話はなく、ヤマトタケルは、あっさり熊襲の本陣に乗り込んでいくという展開になる。熊襲の長は、川上梟帥となっているが、『古事記』のほうだけ、兄弟二人となっている。

ヤマトタケルは、髪を解いて、童女の姿になり、倭姫から授けられた女物の衣装を身に着け、短剣を懐中に忍ばせて、熊襲の女たちの中にまぎれ込む。すると、熊襲梟帥は、ヤマトタケルに目を付けて、手を取って別室へ連れ込み、酒を呑んで戯れようとする。タケルは、忍ばせた短剣で、熊襲梟帥を一突きする。今際のきわに、熊襲の長は、あなたは何者かと尋ねる。大和の小碓皇子だと答えると、どうか今後は、私の名を用いて、ヤマトタケルと名乗ってほしいと願い、こと切れる。

ヤマトタケルという名乗りが、熊襲梟帥から与えられたのである。名前には呪術的な意味があるとされるから、のちのち影響を残したとも考えられる。熊襲梟帥の呪詛が、ヤマトタケルの悲劇を招いたと解釈するのは、うがちすぎているだろうか？

『古事記』では、弟のほうの熊襲も、逃げ出したものの、討ち取られたとされている。『記紀』共に、ほぼ同様の記述になっている。女装して熊襲を欺いて殺したのだから、卑怯と言えば卑怯だが、先に述べたように、こうした大胆な行動に出たことが、故事や昔話の世界では、むしろ評価されるのである。

『記紀』に描かれるヤマトタケルのイメージは、兄の大碓皇子を殺したエピソードなどから、何やら豪傑風にとらえられることも多いが、他のエピソードでは逆のイメージを伝えている。『記紀』によれば、当時ヤマトタケルは、十五、六歳。熊襲征伐のところで語っているように、熊襲が並みいる美人の中から選んだというのだから、女と見紛う美貌だったのだろう。

話は飛ぶが、最近のメジャーリーグの試合など観ていると、ほとんどの選手が、まるで鐘馗さまのような髭を生やしていて、われわれ日本人の目で見ると、違和感すら覚えてしまう。だからこそ、その中にあって、大谷翔平の優男ぶりが光るのだろう。

東洋のヒーローは強そうに見えなくてもいい

東西の文化で、ヒーローのイメージが異なっている。その昔、文化勲章に輝いた文化人類学者の梅棹忠夫先生から、直接うかがった話がある。私など、梅棹先生の弟子だの知人だなどと称するのも、おこがましい。単に謦咳に接しただけにすぎないが、たいへん興味深く、蒙を啓かされた気がしたものである。

先生が、かつてモンゴルでフィールドワークをされていた時、遠くから馬でやってくる人々が、すぐ近くに来るまで、男か女か見分けられなかったのだという。コーカソイド（白色人種）と比べて、モンゴロイド（黄色人種）では、男女の性差が小さい。性差は、体格の大小、体毛の有無、ファッションの違いなど、生物学的、文化的に、多岐にわたっている。

確かに、映画など観ていても、欧米の作品では、ヒーローがヒロインを軽々と、いわゆるお姫様ダッコをしたりすると、いかにも様になっている。ところが、これを日本人がやると、主人公がよろけたりして、様にならないことが少なくない。

先生によれば、中国で儒教のような男尊女卑の文化が生まれたのも、か弱い男性の自衛手段だったのだろうという。女性には財産の相続権がない、男性に忍従すべきである、また女帝の制度がないなど、多くのバリヤーが設けられたが、それでも呂后、則天武后、西太后のような女傑が出現している。男性優位のモラルなど、現代では風化しているものの、それが歴史に与えた影響は無視できない。男女の性差が少ないモンゴロイドの世界では、ヒーローのイメージも異なる。欧米のように、マッチョなヒーローのほうが、むしろ少数派になる。もちろん、中国にも関羽のような豪傑もいないわけではないが、逆に希少価値のような存在である。

日本でも知られる雅楽、舞楽の演目に、『蘭陵王』という作品がある。中国の唐の時代に流行し、日本へもたらされ、本家の中国では失われたものの、日本では宮廷を中心として伝えられ、今に至っている。この蘭陵王は、実在の人物である。南北朝時代、北斉の皇族で武将として活躍した高長恭が、その人である。

いわゆる水もしたたる好い男で、そのため、戦場では敵が侮って挑戦してくる。ところが、蘭陵王は、見かけによらず強い武人だから、無益な殺生を重ねることになる。そこで、鬼のような恐ろしい面をつけて、戦場に出たという逸話が、唐代になって演劇で脚色されるようになり、やがて日本へも伝わった。確か、東大寺（奈良市）の法要でも『蘭陵王』が演じられていた。

蘭陵王の例でも判るように、モンゴロイドの世界では、ヒーローのイメージは、たいてい毛むくじゃらの豪傑ではない。日本の時代劇でも、いわゆる白塗りの二枚目が普通で、あまり強そうに見えないことも少なくない。これは、中国、韓国の歴史ドラマでも、やはり変わらない。

ヤマトタケルも例外ではない。十五、六歳だったわけだから、女と見紛う美少年だったことになる。

一九五九年、東宝映画は、製作千本目の記念作品として、『日本誕生』を封切った。三時間を超える大作で、途中に休憩が入る。この映画では、三船敏郎がヤマトタケルを演じたものの、男っぽいスターの代表格の三船を、さすがに女装させるわけにもいかなかったのだろう。ヤマトタケルが相手に見初められるエピソードは抜きにして、女物の被衣をかぶって熊襲梟帥に接近し、刺し殺すというシーンになっていた。

父の命で、休む間もなく東国へ

熊襲征討を果たしたヤマトタケルは、帰路に就いた。『日本書紀』では、現在の広島、岡山などを通り、瀬戸内海を経由して戻ったことになっている。二カ所で、人民を害する荒ぶる神を退治したとある。

このうち、淀川河口に巣食う荒ぶる神として、私のヤマトタケル・シリーズでは、漂着したイリエワニを登場させ、苦労した末に倒すというストーリーとなっている。動物学者によれば最大八メートルにも及ぶイリエワニの日本列島への漂着例は、江戸時代など数例あるというからだ。中国では鼉龍として知られている。また、化石では、マチカネワニが、よく知られている。

『古事記』のほうは、先走って書いてしまった通り、出雲へ立ち寄り、出雲梟帥を騙し討ちにするという筋書きになっている。だが、大和へ戻ったヤマトタケルには、ひと休みする暇もない。父なる景行天皇から、東国を鎮めに行くよう命じられる。伊勢神宮に赴き、叔母の倭姫に別れを告げる有名なシーンを、『古事記』から、現代語に訳出しておこう。

「天皇は、私に、もう死んでしまえと思し召しておられるのでしょうか。西方の悪人どもを征伐しに遣わされ、なんとか戻ってきてから、いくらも経っていないというのに、ろくな兵力も与えられず、今また東方十二国の悪人を平定するため、派遣されようとしています。このことを考えてみれば、この私に死ねと思し召しておられるとしか思えません」

『古事記』では、ヤマトタケルの父親への不信感が吐き出されている。叔母の倭姫に対して、思いのたけをぶちまけた形で、まさにエディプス・コンプレックスである。

ただ『日本書紀』では、別な記述になっている。東国の蝦夷について、穴居する、モラルがないなど、欠点を挙げたのち、天皇の危ない発言を紹介している。ここで、景行天皇は、こう述べる。

「(ヤマトタケルは) 形はわが子だが、実は神人であると知った。朕の能力が乏しく、国内が乱れているのを憐れんで、王家の偉業を継承し、血筋を絶やさぬようにするため、天が授けてくれた子である」

わが子をおだてて、遠征に行かせようとしたとも解釈できるのだが、日本神話では、その色はないものの、ギリシア神話では、もっとも危ない台詞とされる。言うにこと欠いて、わが子を神人と呼んでしまったのだ。

神々は、人間の増上慢な言動をもっとも嫌う。ヤマトタケルは、ペルセウスのような半神半人ではなく、両親共に人間である。それを神人と呼んでしまったのだから、不敬とも冒瀆とも取れる言葉である。

有名なトロイのヘレンは、その美貌を美の女神アフロディテにたとえる人がいたため、女神の怒りを買い、とうとうトロイは滅亡に追いやられる。また、美女アラクネは、アフロディテより美しいと豪語したため、醜いクモに変えられる。また、アルカディアの王リュカオンは、ゼウスが人肉を食らうかどうか試したため、狼に変えられた。つまり、神罰というわけである。イヌ科の猛獣リカオンは、ハンティングドッグと呼ばれ、群れを成して役割分担して狩りをすることで知られるが、このリュカオン王にちなんで命名されたものである。

日本では、景行天皇の神々を冒瀆する言葉が、ヤマトタケルの悲劇的な運命につながると、はっきり書いてあるわけではないのだが、その後の成り行きは、やはり神々の怒りとしか思えない展開になってくる。やがて、ヤマトタケル自身も、神々に対する畏敬の念を失い、ついには破滅に突き進んでいくことになるのだが、それは東征を終えてからの話となる。

草薙剣のエピソードは何を物語るのか

叔母の倭姫は、東征が危険なものになることを予知したのだろう。三種の神器の一つ天叢雲剣（あめのむらくものつるぎ）を授ける。この剣と、八尺瓊勾玉（やさかにのまがたま）、八咫鏡（やたのかがみ）は、民俗学で言うレガリア(regalia）に当たり、王家の身分、象徴などを示す宝物で、現在も皇室によって守られている。倭姫は、さらに火急の時、開けるようにと、一つの袋を与える。

『日本書紀』のほうは、景行天皇がヤマトタケルに、斧鉞（ふえつ）を授けたとある。斧鉞とは、大きなマサカリのことで、それで敵をやっつけろという意味だが、もともとは中国の出征の儀式で、将軍に与えられた習慣に由来する。マサカリは、童謡の金太郎に登場するくらいで、日本では珍しい武器である。もちろん、日本には、そういう習慣はないから、漢文の素養から、中国にならって記述したにすぎないのだろう。

マサカリでなくても、重要なプロジェクトに際して、中国式に行なった例では、節刀を賜る例がある。のちの遣唐使などは、出発に先立って節刀を賜ったという。しばしば節刀斧鉞と、熟語として用いられる。

尾張国では、宮簀媛という美女と知りあうが、再会を約して東征に向かった。ヤマトタケルが、最初に遭遇した危難は、駿河国（現・静岡県中部）においてである。

土地の国造が、タケルを殺そうと企んで誘う。その口実は『記紀』で異なり、鹿が多いので狩りに行こう、土地の神さまに参拝しようなどとしている。誘い出されたヤマトタケルは、この国造に火をつけられ、草原で焼き殺されそうになる。この時、タケルは、天叢雲剣を振るって、周囲の草を薙ぎ払い、類焼防止をはかり、あやうく難を逃れる。

『古事記』のほうは、ここで倭姫から与えられた袋を開けると、火打石と火打金が入っているという展開になる。薙ぎ払った草に、こちらから向火(むかいび)をつけて、先方へ燃え広がらせる。このエピソードから、神剣は、以後は草薙剣(くさなぎのつるぎ)と呼ばれるようになり、現在に至っている。また、この地は、焼津(やいづ)と呼ばれるようになったともいう。

もともと、この神剣は、須佐之男命が、八岐大蛇を退治した時、その腹から出てきたものだとされる。

この神話の意味するところは、エウヘメリズムによる解釈が、ほぼ定着している。エウヘメリズムとは、紀元前四世紀のギリシアの哲学者エウヘメロスが言い出した説で、現在も神話学、民俗学では認められている。いくら古代ギリシアの人々でも、神話に登場する神々や怪物などが実在すると信じていたわけではない。エウヘメロスは、神々や怪物などは、実際に起こった歴史的な事件を反映して、創作されたものだと解釈したのである。

島根県仁多(にた)郡奥出雲(おくいずも)町では、現在も砂鉄から玉鋼(たまはがね)を作る技術が伝承されている。このあたりは、高天原(たかまがはら)を追放された須佐之男命が、降臨した地とも言われる。また、斐伊川の源流にあたる。実際に行ってみたが、山陰有数の大河である斐伊川が、このあたりでは、幅数メートルの小さな流れでしかない。

ここは、また八岐大蛇退治の舞台にも擬せられている。八岐大蛇とは、あたりを支配していた製鉄技術を持つ八人の族長が征服者の須佐之男命に帰服して、自作の名剣を献上したという史実を反映したものだと、エウヘメリズムでは解釈できるのである。

草薙剣のエピソードは、日米仏共同製作の映画『レッド・サン』にも採用されている。三船敏郎、チャールズ・ブロンソン、アラン・ドロンという日米仏の三大スターが競演する異色西武劇だが、悪人に火を点けられた草原で、三船敏郎扮する武士が、日本刀を振るって草を薙ぎ払い、焼死を免れるシーンがある。ヤマトタケルのエピソードを下敷きにしたことは間違いない。これが、三船のアイデアか、日本に関する考証担当者が、シナリオに助言したものか、私には判断する材料がないが、『記紀』の記述を踏まえたものであろう。

最初の悲劇に見舞われる

ヤマトタケルは、さらに東へ進む。当時、東海道から東北へ向かう道は、まだなかった。なぜなら、現在の東京圏は、広大な湿原になっていて、道が通じていなかったからだ。一行は、現在の三浦半島へ向かう。そこから房総半島へ船で渡ってから、北上するのが通常のルートである。

ここで、最初の悲劇が起こる。走水（浦賀水道）を渡ろうとしたところ、タケル一行を乗せた船は、嵐に遭遇する。船は、今にも沈みそうになる。この時、同行してきた妃の弟橘媛は、こう述べる。

「今、風が起こり、波が速くなり、船が沈もうとしています。これは、海神の仕業でしょう。私が、ミコトのお命を救うため、海へ入りましょう」

こうして、媛は、海中に身を投げる。『古事記』では、敷物を投じて、その上に飛び降りたように、描写されている。海神の怒りは収まり、一行は対岸に辿りつくことができた。あたりを探したものの、弟橘媛の櫛だけしか見つからなかったので、その櫛を収めて陵を造ったという。

現在、久里浜(くりはま)〜金谷(かなや)という東京湾フェリーが、運航している。私も乗ったことがあるが、わずか四十分ほどの航海で、危険とは程遠い。このあたり、東京湾の湾口では、幅十キロほどにすぎないが、古代の旅では、予期できない危難に見舞われるものなのだ。

ヤマトタケルの一行は、上総(かずさ)国(現・千葉県中部)から常陸(ひたち)国(現・茨城県)を経て陸奥(みちのく)(現・青森県、岩手県、宮城県、福島県)へ向かう。陸奥とは、文字通り、道の奥である。

しばしば、ヤマト王権と呼ばれる統一国家が古くから存在したかのように扱われることが多いのだが、本州の北半分は、ながらく縄文文化の名残のような状態に置かれ、統一にはほど遠いままだった。稲作文化の到来から、弥生時代が始まり、古墳時代へと続くのだが、かなり説得力のある学説として、楔説(くさびせつ)というものがある。

通常、稲作の伝播(でんぱ)と片付けられているが、稲作とはシステム的に行なわれる農法だから、耳で聞いたくらいでは、実際にはマスターできない。それを担(にな)う人々が渡来して、実際にやってみせなければ広まらない。中国江南(こうなん)からか朝鮮南部からか、ここでは立ち入らないが、稲作文化を持つ人々が、おそらく九州方面にやってきて、弥生文化を築いたのだと思われる。稲作文化は、九州北部、山陰、畿内へと、楔を打ちこむように浸透していく。

こうして弥生人は、縄文人と雑婚を重ねながら、稲作を広めていく。九州南部、東北、北海道には、雑婚せずに縄文人が残ったと見做（みな）される。九州の熊襲、隼人、東北の蝦夷（えみし）、北海道のアイヌなど、稲作文化から取り残された縄文人の子孫と考えられる。これが、楔説である。

『日本書紀』では、蝦夷に関して、やけに非文化的に描いているのだが、文化の優劣の問題ではない。実際、二千年前の青森県の遺跡から、米の種籾（たねもみ）の圧痕（あっこん）のある土器が出土しているから、稲作を知らなかったわけではない。

しかし、もともと熱帯性の米（オリザ）という植物を、温帯の日本で育てるためには、リスクが伴う。昭和時代ですら、冷害で米が不作になり、東北地方の農家の娘が、身売りするという悲劇が常態化していたため、二・二六事件の遠因になったとも言われる。

まして、古代のことである。蝦夷は、リスクが大きすぎたから、稲作を行なわなかったのである。

北海道ばかりでなく、現在の東北地方にも、アイヌ語の地名が少なくない。蝦夷と呼ばれる人たちは、狩猟、漁労などを生業として、広い範囲に分布していたのだが、ながらく素性に関しては各論あったものの、現在では縄文人の末裔であるという解釈が一般化しているばかりでなく、アイヌ人との共通性も認識されるようになった。アイヌ語では、ナイ（川）、ペツ（沢）などのつく地名が少なくないが、東北地方にも数多く分布している。たとえば、袰内（現・青森県）、保呂内（現・宮城県）と当ててある漢字は異なるものの、同一地名が少なくない。ホロ、ポロは札幌のポロで、大きいという意味である。

また利根川のトネも、もともとアイヌ語で、トゥ（湖）ナイ（川）がなまったものと言われる。利根川の氾濫原が湖のようだったことから、そう呼ばれたのだとされる。いくらなんでも関東地方までという批判はあるものの、文献的にも傍証がある。舒明天皇の時代（西暦六三七年）に至っても、上毛野君形名の居城が蝦夷に包囲され、圧倒的に不利な情勢に追い込まれたことがある。群馬県ですら、蝦夷の攻勢にさらされていたのである。

形名は、恐れおののいて、逃亡をはかる。すると、形名の妻が、夫の不甲斐なさを諫め、励まして戦わせる。そのおかげで、蝦夷を撃退できたという。『日本書紀』にあるエピソードだが、上毛野君形名の話は、群馬県では、しばしば元祖かかぁ天下の例として、引用されることが多い。

東国遠征は、どこまで行ったのか

閑話休題にするとして、ヤマトタケルの蝦夷遠征に戻ろう。『日本書紀』は、上総国より転じて陸奥国に入ったと記している。現在の常磐自動車道方面から北上すると、奈良時代ですら勿来関あたりが、まだ和人と蝦夷の境界線だった。な〜来そ、古文の文法で禁止を意味する係り結びで、双方とも来ないでくれと主張したわけである。古墳時代のはじめの物語としては、未だに朝廷の権威は、勿来関までは及んでいない。関東以北は、未知の土地だった。『日本書紀』では、次に、こうある。

「大いなる鏡を王船に懸けて、海路より葦の浦に回り、横道して玉の浦を渡り、蝦夷の境界にやってきたところ、蝦夷の賊首、島津神、国津神などが、竹の水門（みなと）に屯（たむろ）して、抗戦しようとした」

ヤマトタケルは、海路から蝦夷の領土へ入ったことになるが、ここに挙げられている地名、人名などは、他に出典がなく、東北のどのあたりか、はっきりしない。想像力を働かせれば、玉の浦は、久慈（くじ）市あたりに比定できるかもしれない。周辺は、琥珀（こはく）の産地である。古墳時代から交易があったことは、さる古墳から琥珀の枕が出土していることからも証明されている。

船に鏡を掲げたというのは、魔除けのためだろうという。続きを読んでみよう。

いったん抵抗の姿勢を示したものの、蝦夷たちは、王船を見て、その勢いに怖気（おじけ）づき、ことごとく弓矢を捨てて、拝みながら申し上げた。

「あなたのお顔を仰ぎ見ますに、人倫に優れた方のように見えます。あるいは、神なのでしょうか．どうか、お名前を教えてください」

「私は、現人神（あらひとがみ）の子である」

ヤマトタケルは、自分から現人神の子と名乗る。現人神とは、私が使っている『日本書紀』の注釈によれば、「現に形を現わし給う神の義」とある。ギリシア神話風に解釈すれば、これまた危ない台詞（せりふ）で、神々の怒りを買いかねない。蝦夷が、神にたとえたのだが、ギリシア神話では、他人が言った場合でも、神罰を受けている。先述のようにトロイのヘレンが、その例で、その美貌を美神アフロディテになぞらえる人がいたため、女神の怒りを買うことになった。ここでは、ヤマトタケル自身も、現人神の子だと宣言している。現在に至るも、天皇を現人神と比喩的に形容することがあるが、ここに始まるわけである。

ともあれ、蝦夷の首帥（ひとごのかみ）は帰服し、ミコトの船を曳（ひ）いて、接岸させてくれたので、その首帥だけを捕虜として供（とも）に加え、日高見（ひたかみ）国から、引き返すことにした。日高見国とは、おおざっぱに東北地方を指す呼称だが、どこまでという詳細な地理は、判っていない。『記紀』共に、蝦夷征服という肝心の任務に関しては、やけに簡単に終わったように記述している。

『古事記』に至っては、「荒ぶる蝦夷どもを言向（ことむ）け、また山河の荒ぶる神どもを平和（やわ）らげ」と、たった一行で片づけてしまっている。さらに山河の荒ぶる神などと、本来の任務にない余計な業績まで、付け加えている。『記紀』では、簡略化されている蝦夷征服だが、『陸奥国風土記』の逸文（他の文献に引用されて残った文）では、より詳細な記録が残されている。要約しておこう。

「巻向の日代宮に天下を治めた景行天皇の時、日本武尊が、この地においでになり、八目の鳴鏑の矢で敵を射斃した」。そこで、この地を矢着と呼ぶようになったという地名説話になる。土地の古老が言う。「ここには八人の土蜘蛛がいた。土蜘蛛とは、陸奥に限らず各地の狩猟採集民族への蔑称で、神衣媛、神石萱など、八人の名を挙げるが、彼らは、八つの石室に立てこもり、要害の地を利して、従おうとしない。そこで、景行天皇は、ヤマトタケルに命じて、彼ら土蜘蛛を討たせた。彼らが矢を射かけてくるので、官兵は進めない。そこで、ヤマトタケルみずから、矢を射て、たちどころに斃した。この時の矢が、すべて芽生えて、やがて槻の木となった。そこで、ここを矢槻の郷と呼ぶようになった。また、神衣媛、神石萱の子孫で、許された者たちは、この郷に住んでいる」

遠征の帰路、宮簀媛に再会

先述したように舒明天皇の時代になっても、毛国(けのくに)までも蝦夷のテリトリーだったことを考えれば、神話伝説の時代とはいえ、東北までは情報が行き届かなかったとも考えられる。また、ヤマトタケルの偉業をことさらに称(たた)える必要があったのだろう。

ヤマトタケル一行は帰途に就くのだが、弟橘媛を失った悲しみからだろう、房総半島〜三浦半島というコースではなく、今日の中山道(なかせんどう)方面へ向かう。筑波を過ぎて、西へ向かったようである。『日本書紀』では、ここで、信濃(しなの)国(現・長野県)、越国などが、化(か)に従わないとして、新たな任務に加え、甲斐(かい)国(現・山梨県)から北へ転じて、武蔵(むさし)国(現・東京都、埼玉県、神奈川県の一部)、上野(かみつけ)国(現・群馬県)方面に向かう。

ここで言う化(か)とは、中国の文献を参照して書いているため、中国で言う王化(おうか)に帰(まいむ)くという表現を借りている。つまり周辺の異民族は、漢文化に従う、つまり王化に帰かなければならないとした思想を、借りたものである。ちなみに、帰化という現代用語も、こうした故事を踏まえたものである。

古代における渡来人も、かつては帰化人と呼ばれていたが、現代の話と紛らわしいので渡来人と呼ぶようになり、定着しているが、これには反対も多かった。教科書検定官も経験した歴史学者の村尾次郎氏から、直接うかがったことがあるが、氏は来住者という呼称を提唱したのだが、採用されなかったという。

ヤマトタケルの一行は、碓氷峠にさしかかる。ここで、タケルは、弟橘媛を偲んで「吾嬬はや」と叫んだ。はや、とは間投詞だという。以後、東国をあづまと呼ぶようになったという地名由来の説話が記されている。群馬県では、吾妻郡を、ヤマトタケル神話と結び付けている。

ここで、盟友ともいうべき吉備武彦を、越国へ派遣し、自身は信濃国へ向かう。碓氷峠は、かつて信越線では勾配がきついため、アプト式、スイッチバックなどの工夫を凝らしていた。『日本書紀』では、山高く、谷幽くと形容しているが、そのあと、馬頓轡みて進まずと続ける。

映画『日本誕生』など、映像や文学などでは、ヤマトタケルの遠征は、どういうわけか徒歩で進められたかのように描かれることが多いが、馬に乗っていたことが明記してある。

私のヤマトタケル・シリーズで、シルクロード方面の大宛(フェルガーナ)国の汗血馬(かんけつば)をヤマトタケルの愛馬として登場させたのは、『日本書紀』の記述を踏まえたものである。

汗血馬は、中国では知られていたから、一頭くらいは日本へ渡っていたとしても、許されるフィクションの範囲内だろう。拙著では、タケルと戦った烏丸(うがん)族の首長が、連れてきたものという設定になっている。名馬は乗る人を選ぶというから、この名馬も、終生ヤマトタケルと行(こう)を共にするという設定としたが、未完のまま終わったのは、かえすがえすも残念である。

一行が山中で食事を取ろうとすると、山の神が、タケルを苦しめようと、白い鹿の姿で現われる。タケルは、食べかけていた野蒜(のびる)を弾(はじ)いて鹿の目に当てると、鹿は死んでしまう。野蒜など、臭いのきつい野草は、魔を払うと信じられ、古文献にはしばしば登場する。『古事記』でも、同様の記述になっているが、場所が足柄(あしがら)となっている。

ここで、山の神の化身である白鹿を殺したことが、やがて悲劇につながる予兆となるのか、『記紀』共に明記してあるわけではないが、もしかしたら地方神とはいえ、神を手にかけたことが、高天原の神々のもとに報告されていたのかもしれない。また、遠征の成功に酔ったヤマトタケル自身が、簡単に白鹿を斃せたことで、神々を恐れぬ自信過剰に陥っていたのかもしれない。

陸奥国遠征からの帰途、ヤマトタケルは、尾張国の国造の娘・宮簀媛と再会する。東征に向かう際、知り合った女性だが、その時は媾合をしなかった。いわゆる万葉的な大らかさの時代、若い男女が出会い、媾合をしないということは、普通は考えられない。『日本書紀』には、次の古歌も載っている。

小林に　我を引き入れて　せし人の　行方も知らず　家も知らなくに

林の中に引き入れられ、媾合したものの、どこの誰とも判らなかったというのだから、現代的に考えれば乱脈そのものだが、古代には、普通のことだったのだろう。

戻ったら媾合をしようと約束して、ヤマトタケルは発って行ったのである。生還を期しがたい任務である。ここで彼女と結ばれるわけにはいかなかった。彼女の幸せを考えれば、そのまま無垢のまま、去りたかったのであろう。

唐突のように聞こえるだろうが、私は以前、鹿屋、知覧の特攻隊記念館を訪れたのを契機に、関連した資料を読んだ時のことを、想い出したものだ。今ほど性的に自由な時代ではなかったが、今生の別れと考えて、女性のほうから求めるケースもあったという。相手の特攻隊員は、自分の死を覚悟しているから、その後の長い人生を生きねばならない彼女の幸せを考え、無垢のまま残して去ったという。

また、その逆に、特攻隊員が帰らぬ人となってから生まれた子女も少なくなかった。父を知らぬ忘れ形見を世に残したのだろう。戦時下の男女の葛藤は、厳しいものだったに違いない。どちらにせよ、私には、ここに至高の愛を見ることができ、涙が止まらなかった。

時代は、はるかに遡るが、ヤマトタケルも同様の気持ちで、宮簀媛のもとを去ったのだろう。しかし、無事に生還した時、己の気持ちを抑える必要もなくなり、迸しるような感情に身を任せようとした。

自作の歌に見る、つかのまの幸せ

『古事記』は、二人が詠んだ歌も併せて、抒情的な筆致をもって、二人の再会のシーンを描き出している。婚という字を、媾合の意味で使っているが、期という字を契ると訓んでいる。二人だけの戦勝パーティのつもりだったのだろう。

ところが、宮簀媛のドレスの裾に、血がついている。あいにく、彼女はメンスを迎えていたのだ。私が、はじめて『古事記』の原文を読んだのは、もう半世紀もの昔のことだが、いかにも露骨に月経という単語を使っているので、驚いた記憶がある。

ヤマトタケルは、歌を詠んだ。

ひさかたの　天の香久山
利鎌に　さ渡る鵠
弱細　手弱腕に
枕かむとは　我はすれど
さ寝むとは　我は思えど

汝が著ける　襲の裾に
　月立ちにけり

鵠とは白鳥の異名で、最初の部分は、いわば枕詞のような修飾にすぎない。ともあれ、口語訳しておこう。

「ひさかたの天の香久山の上を、鋭い鎌のような群れをなして飛んでいく白鳥のように、か細く弱い、おまえの腕を枕にしようと、私は努めるのだが、また、共に寝ようとも思うのだが、おまえが着ているドレスの裾に、月が立ってしまった」

皇子の歌に答えた宮簀媛の返歌も、紹介されている。

高光る　日の御子
　休みしし　我が大君
　　あらたまの　年が来経れば　あらたまの　月は来経ゆく
諾な諾な

君待ち難に
　我が著せる　襲の裾に
　　月立たなむよ

私の拙い筆では、どこまで伝わるか判らないが、口語訳を続けよう。

「空高く輝く太陽の皇子、我が大君よ、あらたまの年が過ぎゆけば、あらたまの月もやってくるでしょう。そうよそうよ、あなたを待ちかねて、わたしの衣装の裾に、月が立ってしまったのよ」

『古事記』による二人が歌で呼びかけあったエピソードは、古代の風習である。歌垣、あるいは嬥歌とも呼ばれ、若い男女が歌で求愛することである。日本では廃れているが、東南アジアの山岳民族などの間では、現在も行なわれている風習である。

日本では、飛鳥の海石榴市の嬥歌が、しばしば文献に登場する。

『日本書紀』は、ヤマトタケルが、宮簀媛のもとに、ひと月以上も滞在したことを記している。媛のメンスが終わり、想いを遂げたわけである。

しかし、幸せは長くは続かなかった。近くの伊吹山に荒ぶる神がいると聞いて、ヤマトタケルの冒険心が、疼き始める。『日本書紀』は、剣を宮簀媛のもとに残したとしか書いていないが、『古事記』は、ヤマトタケルが、豪語したと記している。

「この山の神くらいなら、素手でも打ちひしいで見せようぞ」

不敬を犯し、破局へと向かう

こうして、ヤマトタケルは、神宝草薙剣を持たずに、伊吹山へ向かう。山を登っていくと、牛ほどもある巨大な白い猪と出会う。『日本書紀』では、大蛇としている。ヤマトタケルは、主神が大蛇に化けていることを知らずに、言い放ってしまう。

「この大蛇は、きっと荒ぶる神の使いだろう。神本体ですら殺せるのだから、こんな眷属ごときに、手を下すまでもあるまい」

『古事記』のほうは、こう言ったと記している。

「この白猪に化けているのは、この神の使者だろう。今殺さなくても、帰りに殺してやる」

ヤマトタケルは、大蛇（白猪）を神そのものではなく、神から遣わされた眷属の使者だと、勘違いしたことになる。そこで、大蛇を跨（また）いで行ってしまう。ここから悲劇が始まるのだが、気になる点がある。

『日本書紀』は、主神という表現を用いているのである。私が使っている底本では、「かむざね」とフリガナを付けて、神の正体と註（ちゅう）している。しかし、『日本書紀』は、漢文で書かれている。歌謡や固有名詞などを示す際は、発音を表わすため、万葉仮名風の字を当てている。

『古事記』のほうが、万葉仮名のような表記が多いのだが、『日本書紀』でも、しばしば使われる。もし「かむざね」と読むとすれば、万葉仮名風に、発音を表わす漢字を当てるはずである。仮名文字ができる以前だから、古代の人々も表記法に苦労しているのだ。

漢文の『日本書紀』は、そう簡単には読めない。そこで、平安時代になると、講読（こうどく）会（え）が行なわれるようになる。フリガナは、安土桃山時代、難解な日本語に手を焼いたポルトガル人が、苦し紛れに発明したと言われる。主神に「かむざね」というルビを振り、神の正体という解釈が定着するのは、江戸時代以降ということになる。江戸時代になると、主神（かむざね）とは、神事などを主宰する神主（かんぬし）の最高位者を呼ぶ名称に転化する。『日本書紀』の成立の時代、九世紀はじめ、日本人は漢字を拡大解釈することも、フリガナを付けて読むことも、できなかったはずである。主神といえば、主なる神という意味としか理解しなかったろう。

主神と言えば、ギリシア神話ではゼウス、ローマ神話ではユピテル（ジュピター）、北欧神話ではオーディンを指している。日本神話の主神は、女性の天照大神である。

ここで、伊吹山のローカルな神ではなく、最高神の天照大神を登場させることに、違和感を覚える向きもあろう。日本神話では、ギリシア神話と異なり、天界と人界（じんかい）の交流が、ほとんど描かれないという指摘もある。しかし、日本神話でも、高天原の神々は絶えず人界に目を配っている。たとえば、鳴女（なきめ）という雉（きじ）の姿をした女神は、天界と人界を往来して、人界で起こったことを高天原へ報告している。

ヤマトタケルの言動も、フォローされていたのだろう。景行天皇は、わが子ヤマトタケルを、神人と呼ぶ不敬を犯したことがある。また、ヤマトタケル自身も、蝦夷に対して、みずから現人神の子と称してしまった。

こうした事実は、天界に届けられていたと見るべきだろう。伊吹山の神など、神剣がなくても打ちひしげると、ヤマトタケルが豪語したことも、天界に報告されていたに違いない。そして、とうとう主神たる天照大神が、これら人間の不遜、不敬な言動を裁(さば)くべく、乗り出したとは考えられないだろうか。

しかも、ヤマトタケル自身が、大蛇(白猪)に変身していた皇室の祖神である天照大神を侮辱する言を吐いたばかりでなく、それを膝下(しっか)に跨いで行ってしまったのである。これほどの不敬、冒瀆はないだろう。

なぜ具体的に天照大神と書かなかったかと言えば、舎人(とねり)親王を編集主幹とする『日本書紀』の編集スタッフが、王家の祖神である天照大神を憚(はばか)ったため、単に主神と記したのだろう。

王家の祖神を跨ぎ越すという不敬を犯したヤマトタケルは、破局へと突き進んでいく。(主神の命を受けた?)伊吹山の神は、氷雨(ひさめ)を降らして、一行の行く手を遮(さえぎ)る。峰は霧に覆(おお)われ、谷は暗くなり、路(みち)も判らなくなり、同じところを回るばかりで、まるで酒に酔ったような気分に陥った。

臨終にあたって詠んだ三首の歌

民俗学者の谷川健一（たにがわけんいち）氏によれば、もともと伊吹山は、鋳吹山と書いたのだという。金属製錬と関係があるらしい。映画『ゴジラ』の主題歌の作曲で有名な伊福部昭（いふくべあきら）氏の珍しい姓も、鋳吹部と書いたものだという。

伊福部姓は、日本人の苗字の起源を説く『新撰姓氏録（しんせんしょうじろく）』にも載っている。平安時代に成立した文献だが、これによれば、伊福部姓は、尾張氏と同族だという。谷川説を敷衍（ふえん）して解釈すれば、鋳吹山の神とは、ギリシア神話のヘパイストス、ローマ神話のヴァルカンにあたる鍛冶の神とも解釈できる。ちなみに、日本神話の鍛冶の神は、石凝姥命（いしこりどめのみこと）といい、八咫鏡（やたのかがみ）を造ったとされる女神である。

その鋳吹山へ剣を持たずに行くということは、剣霊（つるぎたま）の加護を受けられなくなるから、まさに自殺行為である。エウヘメリズム的に解釈すれば、ヤマトタケルは、金属製錬を生業とする一族に陥（おとし）いれられ、製錬に伴う有毒ガスを吸わされたのかもしれない。

ようやく泉に辿り着き、水を飲んで、やや正気を取り戻す。この泉が、現在の米原市の「居醒の清水」だという。ヤマトタケルは、病を得ながら、いったん尾張国へ戻るが、宮簀媛のもとへは戻らない。みじめな姿を見せたくなかったのだろう。尾張国をあとにして、大和へ戻ろうとするが、脚がもつれて進めない。四日市市にある杖衝坂は、この所伝による。

皇子は嘆く。

「わが足は、三重に折れ曲がったようで、いたく疲れた」

三重という地名の起こりだとしている。ようやく能煩野（能褒野）に辿りつくもののもはや力は残されていなかった。英雄の生涯は、いよいよ終焉に向かいつつある。

有名な「大和は、国のまほろば」という歌は、ここで詠まれたとされる。『日本書紀』では、景行天皇が熊襲征討に赴いた時に詠んだものとしているが、ここは『古事記』に従っておこう。

倭は　国のまほろば　たたなづく　青垣　山隠れる　倭しうるわし

命の　全けむ人は　畳薦　平群の山の　熊白檮が葉を
　宇受に刺せ　その子

宇受は髻のことだ。次に、『古事記』はこう続ける。

「王子は、こうお歌いになられた。これは、国思びの歌である。また、仰せられた」

　愛しけやし　吾家の方よ　雲居　起ち来も

「この歌は、片歌（完成していない歌）である。この時、ご病気がにわかに悪化したが、さらに、お歌をお曰みになられた」

　嬢子の　床の辺に　我が置きし　剣の太刀　その太刀はや

「こう歌い竟るなり、すぐに崩りました」

ここまで『古事記』が伝えるヤマトタケル薨去の場面を、おおよそ伝えたつもりだが、今際のきわにヤマトタケルが詠んだ歌は、原文の読み下しで紹介した。私のような小説家のはしくれが、どれほど工夫を凝らしても、このシーンの文学的な感動を、正しく伝えることは不可能だろう。それを承知のうえで、皇子が混濁してくる意識の中で、望郷の想い、神剣を置き忘れたことへの悔恨など、あえて口語訳しておくことも無駄ではあるまい。

「大和は、この国のなかで、本当に良いところ。重なりあった山々は、青い垣根のようで、山々に隠された、大和こそ美しい。命を全うした人は、畳んだ筵のような、平群の山の、熊樫の葉を、髪の毛に刺すがよい、その子（命を全うした人）よ」

「懐かしい、わが家の方角に、雲が立ち上る」

「恋人のベッドのわきに、置いてきてしまった剣の太刀、あの太刀は、どうしたことだろうか？」

ヤマトタケルが、臨終にあたって詠んだという三首の歌を、続けて現代語訳してみたが、どこまで『古事記』の文学的な感動を伝えられたか、拙訳では自信がないものの、おおよそ大意は伝えられたろう。人は、死に臨んで、来しかたのさまざまなできごとを、想い出すのだという。パノラマ視現象という。

最後に愛用の名剣に触れているが、この部分だけ、国偲びの歌とは、トーンが異なっている。もし、名剣を手にして、伊吹山へ赴いていれば、主神と戦う気だったのだろうか？　そうだろうと、私は思う。蝦夷と戦うにあたって、皇子は、現人神の子だと、みずから宣言している。数々の荒ぶる神、仇なす敵を討ち従えてきた自信が、神々の怒りを招いたのだが、英雄には、それなりの自負があったのだろう。もしかしたら、本来の伝承のなかには、冥府へ暴れ込んだヘラクレスのような、別な武勇伝が伝えられていたのかもしれない。

ヤマトタケルは、こうして死んだ

ここで『古事記』から離れて、『日本書紀』の記述に目を向けてみよう。能褒野に至って、痛みが激しくなり、死を覚悟する。そこで、連行してきた蝦夷たちを神宮に献上し、吉備武彦を大和へ行かせ、復命させる。

「臣は、天皇の命を受けて、遠く東の蝦夷を討ち、神の恵みを被り、天皇の威を頼りに、叛いた者どもを罪に伏させ、荒ぶる神ですら、ひとりでに調いできました。それゆえ鎧を畳み、矛を収めて、こうして戻ってまいりました。いつの日か、いつの時か、朝廷に復命しようと思いましたが、ここに至って、天命は荒馬のように走り去り、止めようもありません。この身が滅びようとかまいませんが、この曠野に臥して、語るべき相手もおりません。この身が滅びようとかまいませんが、お目にかかれないことが、残念です」

長々と『日本書紀』の記述を、現代語訳してみたが、いかにも優等生的な言葉で、『古事記』と比べると、公式見解のような修辞になっている。

このあと、ヤマトタケルの薨去について記し、食事も喉を通らないほど嘆いたという景行天皇の反応を示している。さらに、天皇は、いったい誰に国家の経綸を任せたらよかろうかと述べて、能褒野に陵を造り、そこに（遺骸を）納めさせた。ところが、日本武尊は白鳥と化して、陵から出て、大和のほうへ飛んで行ったという。『古事記』のほうは、八尋の白鳥としているから、より超自然的である。

古代の長さの単位、尋は、ほぼ両手を広げた長さだとされ、だいたい一・八メート

『古事記』『日本書紀』の白鳥飛翔ルート

ルくらいとする。その八倍ということだから、最大の翼竜ケツアルコアトルス並みの大きさということになるが、実数ではあるまい。八尋は大きなものの単位として、八尋のオオワニ、八尋の矛など、しばしば使われるから、大きな白鳥というくらいの意味と取るべきだろう。

それにしても、ヤマトタケルにまつわる物語などでは、たいてい、ヤマトタケルの魂（たましい）が白鳥となって、というふうに魂と補ってしまうことが多いが、『記紀』共に、魂とは書いていない。『日本書紀』では、亡骸（なきがら）を納めた陵から白鳥が飛び立つのを見て、墓所を開いてみたところ、遺骸はなく衣服のみが残されていたとある。

ヤマトタケルの白鳥の陵については、曾孫にあたる仁徳天皇の治世のこととして、不思議な記述がある。

即位六十年は、例によって水増しなのだろうが、天皇はみずから乗り出して、白鳥の陵の陵守（みささぎもり）たちを別な仕事に徴用してしまった。すると陵守の長が、たちまち白鹿と化して、逃亡してしまったという。

そこで、天皇は詔勅（しょうちょく）を下した。「この陵は、もともと空（むな）しいものだった（ヤマトタケルの遺骸は、白鳥と化して飛び去ったから、そこに埋葬されていない）。そこで、陵守を廃止しようと考え、他の仕事に転用しようとしたのだが、この奇現象を見てしまっては、たいへん畏（おそ）れ多いことである。陵守たちを移動させてはなるまい」。不思議なエピソードだが、白鹿は、ヤマトタケル伝説とも関わりがある。仁徳天皇の曾祖父に対する尊崇の念を示したものだろう。

英雄の訃報を知らされ、妃たち、御子たちは、白鳥の行方（ゆくえ）を追いかけ、篠竹の中で足を痛めながら、進んで行ったという。途中、白鳥が羽を休めた場所に、それぞれ陵を築いた。

ヤマトタケル、国固めの旅

西征ルート		東征ルート	
大和	（現・奈良県）	大和	（現・奈良県）
↓		↓	
熊襲国	（九州南部）	伊勢神宮	（現・三重県）
↓		↓	
出雲	（現・島根県）	尾張	（現・愛知県）
		↓	
		焼津	（現・静岡県）
		↓	
		走水	（現・浦賀水道）
		↓	
		新治・筑波	（現・茨城県）
		↓	
		足柄	（現・静岡県と神奈川県の境）
		↓	
		酒折宮	（現・山梨県）
		↓	
		熱田	（現・愛知県）
		↓	
		伊吹山	（現・岐阜県と滋賀県の境）
		↓	
		能煩野	（現・三重県）

尊（みこと）の薨去の地とされる能褒野をはじめ、『記紀』の所伝では異同があるものの、大和国（現・奈良県）、河内（かわち）国（現・大阪府東部）にも、白鳥陵という墓があるのは、そのためである。ヤマトタケルの故郷の奈良県ばかりでなく、白鳥が大阪方面に飛んで行ったとするのは、いかにも象徴的である。なぜなら、尊の直系の孫にあたる応神天皇が、いわゆる河内王朝の始祖となるからである。

第三章

神功皇后の三韓征伐は史実か？

ヤマトタケルの子・仲哀天皇

崇神王朝——卑弥呼の墓とも言われる「箸墓(はしはか)」など、初期の巨大な前方後円墳を造ったとされる纏向王朝は、やがてヤマトタケルの子に当たる仲哀天皇をもって終わることになるのだが、その経緯をしばらく追ってみよう。前章で解説したごとく、景行天皇の後継者と目されたヤマトタケルは、東征の帰途、わずか三十歳にして薨去する。

そのため、ヤマトタケルの腹違いの弟の稚足彦(わかたらしひこ)が即位する。成務天皇である。しかし、古代帝王の治世の常として、水増しのように長く続いたかのごとく粉飾されているものの、六十年の治世とされるわりには、『記紀』に記録されている事蹟がほとんどない。

私が使っている『日本書紀』の読み下し本は、長年にわたる酷使でページがボロボロになっているが、成務天皇に関する記述は、わずか四ページだけで、付箋もついていないし、蛍光ペンのチェックもないから、これまで重要視してこなかった証明だろう。いちおう、地方行政に注力すべきだとする詔勅を紹介しているが、他に目ぼしい事蹟はない。仮に実在だったとしても、比較的、短命に終わった天皇なのだろう。

『古事記』では、たった数行の記事で、済ませてしまっている。

この成務天皇に男子がなかったことから、纏向王朝の最後の帝王として、足仲彦（たらしなかつひこ）（のちの仲哀天皇）の登場となる。ヤマトタケルと叔母にあたる両道入姫（ふたじいりひめ）の間に生まれた皇子である。仲哀天皇の治世は、父ヤマトタケルへの追悼の詔勅から始まる。訳出してみよう。

「朕が弱冠（二十歳）にもならぬうちに、父なる皇子は、崩（みまか）ってしまわれた。すなわち御霊（みたま）は白鳥と化して、天に昇られたのである。それゆえ、白鳥を捕獲して、陵（みささぎ）のまわりの池で飼おうと思う。そうして父を偲び、御心を慰めたいのである」

ついで諸国に命じて、白鳥を献上させたとある。鳥が死者の魂を、天に導くという信仰は、古くから存在したようである。山口県の土井ヶ浜（どいがはま）遺跡では、鵜（う）を抱く女として有名になった人骨が出土しているのだが、最近になって、この鳥骨は鵜ではなく、フクロウ科の鳥のものだと判明している。

仲哀天皇の白鳥献上のエピソードには、後日談がある。越国が白鳥を献上したところ、天皇の異母弟の蒲見別（かまみわけ）皇子という人が、「白鳥といっても、焼いてしまえば黒鳥になる」と言って、無理やり献上された白鳥を持ち去ってしまった。天皇は怒って、この皇子を誅殺したという。冗談にしても、言っていいことと悪いことがあるという見本だろう。

仲哀天皇の即位二年、古代史上のスーパースターの一人が登場する。仲哀天皇は、神功皇后を立てたとある。もちろん、皇后といっても、『日本書紀』の時代の潤色で、当時から制度的に整っていたわけではない。神功皇后は、後述するごとく「三韓征伐」なる伝説の主人公となる人物だが、続柄から言えば、ヤマトタケルの息子の嫁ということになる。もちろん、ヤマトタケル自身は、先述したように若くして薨去したから、神功皇后と会ったことはないとされる。

仲哀天皇は、神功皇后と結婚する以前に、従姉妹にあたる王女との間に、香坂、忍熊という二人の子を生している。この年、天皇は角鹿（現・福井県敦賀）へ行幸し行宮を建てたとあり、現在も続く氣比神宮（敦賀市）の由緒となる。また、翌年は、紀州へも赴いて、ここにも行宮を建てたりしているのだが、またもや熊襲が叛いたという一報が届き、急遽穴門（現・山口県）へ向かい、敦賀にとどまっていた皇后も合流してくる。

仲哀天皇の一行は、さらに九州の北部へ渡る。現在の福岡あたりであろう。那珂川（なかがわ）という現在の地名には、古代からの由緒がある。福岡港は、昔、那大津（なのおおつ）と呼ばれていた。さらに遡れば、金印（きんいん）で有名な奴国（なこく）の「ナ」にも通じる。天皇、皇后は、橿日宮（かしひのみや）（現・香椎宮（かしいぐう）。福岡市）に滞在し、今後のことを協議する。天皇は、報告にあったように、叛いたという熊襲征討を、臣下たちに諮る（はかる）。祖父の景行天皇、父のヤマトタケルが手掛けた征服事業を、自分の手で継承し、完遂させようと思ったのであろう。

神懸り（かみがかり）した神功皇后

この時、神功皇后が神憑り（かみがかり）したという。この皇后は、しばしば邪馬台国の女王卑弥呼に比定されることがある。卑弥呼は鬼道（きどう）につかえたとされる。

鬼という字は、日中で意味が異なる。中国語の本来の意味では、鬼とは幽霊、亡者を指している。ちなみに、鬼才という言葉も、日中で使い方が異なる。幽霊、亡者など、不気味な詩ばかり書いていた唐代の詩人李賀（りが）に奉（たてまつ）られたものである。この例からも判るのだが、『魏志』を書いた陳寿の目から見て、不気味な宗教だと思ったので、鬼道という表現を用いたに違いない。

それはともかく、神功皇后はトランス状態に陥って、神託を告げる。功臣の武内宿禰を審神者に立て、天皇が琴を弾いているうちに、神が憑依したというふうに描かれている。音楽の力を借りて、シャーマンが憑依状態になるという例は、各地の民族に見られる。

ここでいう審神者とは、神託を受ける立会人のようなもので、『古事記』では、沙庭と読むと、いわば万葉仮名でルビを振ったような記述になっているから、普通、審神者を「さにわ」と訓んでいる。審神者の武内宿禰は、皇后に憑依した神のご託宣を仰ぐ。すると、神は、こう答える。『記紀』から引用してみよう。

「天皇よ、どうして今さら、熊襲が服従しないことを憂うるのか。ここは、痩せた空しい国だから、兵を挙げて討つまでもない。こんな国より、宝の国がある。さながら、乙女の眉のごとく、(わが国と)向かい合っている国である。まぶしいばかりに輝く色の金銀が、その国にはたくさんある。それが新羅の国である。もし、我(神)

を祀れば、刃を血塗らすことなく、服従させることができ、その結果、熊襲も服従するであろう」(『日本書紀』)

「西のほうに国がある。金銀をはじめとして、目が輝くような種々の珍しい宝が、その国には多く存在する。吾(あれ)(神)が、この国を帰服させ、汝(なんじ)に与えよう」(『古事記』)

ところが、仲哀天皇は、神のお告げを信じようとしない。西のほうを見ても海ばかりで、国などない。偽りの神だと、罵倒する始末である。ここで、天皇は、神罰により、とうとう崩御に至る。『古事記』では、神の怒りの言葉を伝える。

「この天下は、汝の治めるべき国ではない。汝は、もう一つの国へ行くがよい」

この場合のもう一つの国とは、黄泉国を指す。天皇は、琴を弾いていたが、やがて琴の音が絶える。崩御していたのである。仲哀天皇の崩御に関して、『日本書紀』には、別な所伝もある。神託を無視して、みずから熊襲を攻めて、敵の矢に当たったとする。天皇は、あっけなく崩御してしまうのだが、父ヤマトタケルの一生を、不器用になぞった生涯と言えないこともない。熊襲征討に固執し、神託を無視し、神を冒瀆した結果である。

しかし、ヤマトタケルの子孫の物語は、これで終わらない。神功皇后はこの時、仲哀天皇の忘れ形見を妊娠していたのである。皇后は、神託に忠実に、みずから新羅を攻める。戦闘中に産気づいては困るということから、石を腹に宛がって戦いに臨み、見事に勝利したというのだから、なんとも超自然的な女傑として描かれる。何分にも、神話的な時代の話だから、なんらかの史実を反映しているとはとうてい即断できないのだが、まったくの虚構とも決めつけられない。

任那日本府は実在したのか

『日本書紀』では、任那日本府なる記述が、しばしば登場する。朝鮮半島の南部に、日本の統治機構が存在したとするのである。私の『日本書紀』は、かの朝日新聞社版だが、校註者の武田祐吉氏は、任那日本府を総督府と註している。

戦後のマルクス主義史観の全盛時代、任那日本府は、タブーに等しかった。これを認めることは、皇国史観という烙印を押され、即座に研究者としての生命を絶たれるというほどだった。韓国でも、任那に該当するとされる加羅諸国の研究は、長い間タブー視されてきた。何事につけ、日本寄りと見做されることは、致命的とされるお国柄だから、加羅研究は、なおざりにされてきたのである。

それでは、任那日本府とは、まったくの虚構だったのだろうか。文献的に見ると、そうとばかりも決めつけられない。

『魏志韓伝』には、「韓は、東西は海をもって限りとしているが、南は倭と接している」とある。地図を見てもらえばすぐ判ることだが、朝鮮半島は、北はアジア大陸と接しているが、東西と南は海に面している。ところが、南は倭と接しているというから、つながっていることになる。半島南部と九州が接しているとは言わないはずだ。つまり、半島南部に倭人がいたと考えない限り、説明がつかない。

また『後漢書』には、九州北部を指して、倭国の極南界としている。南の涯という意味だろう。倭人が九州にいたとすれば、その北部は、むしろ極北界でなければならない。九州の北は、壱岐国（現・長崎県壱岐市）～対馬国（同県対馬市）～韓という海路になるからだ。それにもかかわらず、極南界と書いてあるということは、『後漢書』の時代、韓国南部～対馬～壱岐～九州北部にかけて、倭人が住んでいたことを意味している。

それでは、九州の中南部は、どうかと言えば、ヤマトタケル伝説のレギュラー登場人物のような熊襲のテリトリーだったのである。つまり、『後漢書』を信じる限り、倭人は、九州の北部にいたことになり、しかも、そこが極南界だった。

日本の『日本書紀』に相当する朝鮮の古代史書『三国史記』によれば、しばしば「倭、寇す」という記事があるばかりでなく、新羅の王都が倭人に包囲された記事すら出ている。海を越えて敵地に上陸して、戦闘行動を取るためには、膨大な海上輸送能力が必要になることは、ノルマンディー上陸作戦などでも明らかである。まして古代に、海を越えて、倭人が新羅の王都を包囲することなど、とうてい不可能である。半島南部に倭人の拠点があったと考えないと、説明がつかない。

また、文献的には、きわめて有力な傍証もある。有名な広開土王碑である。高句麗の広開土王が、自分の事蹟を伝えるため、建立したとされる。現在は、中国領の集安にある。碑文を読んでみよう。

「倭は、辛卯年（西暦三九一年）、来たりて海を渡り、百済、〇〇、新羅を破り、もって臣民と為した」

〇〇という部分は、碑文の判読不能箇所であるが、おそらく加羅（任那）だろうという。そこに、どのような文字が欠落していたにせよ、驚くべき記録である。高句麗の広開土王が、倭人の侵略を認め、しかも、百済や新羅を臣下としたと記しているのである。

この碑文は、明治政府の朝鮮進出の根拠として、しばしば利用されたため、反発は大きかった。かつて倭人が、新羅、百済を支配下に置いたというのだから、その歴史的な意味は重大である。

そのため、日本の参謀本部によって碑文が改竄されたとする説も現われた。日中戦争から戦後の国交不在の時代にかけて、碑文の現地調査は不可能だったが、日中国交回復ののち、調査が許されることになり、やがて碑文改竄の事実はないと証明された。

広開土王は、しばしば南進をはかり、新羅、百済と戦っている。その宿敵ともいうべき両国が、倭人の支配下に入ったなどと捏造するはずがない。なんらかの史実が厳に存在した証拠なのだろう。

神功皇后の新羅遠征

『古事記』は、神功皇后の遠征を、こう記している。現代語に訳出してみよう。

「軍勢を整え、船をならべて、渡っておいでになると、海原の魚が、大きなものも小さなものも、ことごとく皇后の船を背負って、渡してくれた。すると順風が大いに吹いて、皇后の船は波に乗せられていった。そのため、女王の船の波は、そのまま新羅の国土へ押し上がり、その国の真ん中まで達してしまった。そこで、新羅の王は、かしこまって申し上げた」

以下、新羅の王は、馬飼いとなって仕えると言い、毎年、貢物を差し出すと誓う。そのあとの部分を訳出しておく。

「そこで皇后は、新羅の国は馬飼いと定め、百済の国は、海の向こうの領土と定められた。さらに、新羅の王の門前には、皇后の杖を突き立て、すなわち住吉の神の御霊を、国家守護の神としてお祀りになり、帰国なされた」

この記述では、日本を発つ時、新羅征討という神託を受けただけであるにもかかわらず、百済も海外の領土に加えたとある。つまり、広開土王碑の記述と符合するのである。また、神託を授けた神が、住吉三神だということも、ここで判明する。住吉大社（大阪市）は、海とかかわりのある神社だが、三神の他、神功皇后も祭神としている。

新羅の王を、馬飼いにするというのだから、日本側の自民族優越主義（ethnocentrism）が目立つわけだが、こうした事情は、どこの国の史書にも現われることで、異とするには当たらない。朝鮮の『三国史記』には、新羅王が、倭国の王を、塩田の奴隷にしてやると、うそぶく記述があるから、どっちもどっちだろう。

また、魚が皇后の船を、新羅の王都まで運んでしまったという、いかにも神話的な表現も、なんらかの史実を反映したものと解釈できるだろう。倭人の拠点が半島南部にあったことを、これまで考証してきた。エウヘメリズム的に解釈すれば、この場合の魚とは、半島南部の倭人勢力を意味しているのだろう。こうした勢力の助けを得て、皇后の軍勢は、まっしぐらに新羅王都へ進軍したのだろう。広開土王碑では、単に「倭」と書いているだけで、倭の王名など具体的に記しているわけではないが、ほぼ一致する事蹟である。

ついでに、『日本書紀』のほうの記事も、かいつまんで紹介しておこう。

「東に神の国があり、聖王がいらっしゃり、天皇と申されると聞いている。これは、かの国の神兵であるに違いないから、防ぐ方法はない」

新羅王は、こう言って降伏するという段取りになっている。『古事記』より、さらに自民族優越主義の色が濃い。ちなみに、戦前、わが国の軍隊を神兵と称したのは、この『日本書紀』の記事に準拠している。たとえば、パラシュート部隊を、空の神兵と呼んだりしている。さらに、新羅が降伏したと知って、百済ばかりでなく、高句麗までも、とうてい勝てそうもないとして帰服してきたとある。新羅は船八十艘分の貢物を差し出し、他の二国も、朝貢することになったという。

神功皇后は、内官家を設けた。天皇家の私的な役所という意味だろう。これが任那日本府の起源であり、神功皇后による三韓征伐という伝説の始まりになる。ここで、日韓の歴史用語が異なるから、いちおう注意しておこう。韓国で三韓という場合、現在の韓国領にあった馬韓（のちの百済）、辰韓（のちの新羅）、弁韓（のちの加羅諸国）の三つの地域を指すのだが、やがて統合が進んで、高句麗、新羅、百済の鼎立時代になると、三国時代と呼んでいる。ところが、『記紀』では、この三国を三韓と呼んでいるのである。

『広辞苑（第七版）』を読むと、征伐とは「服従しない者を攻めうつこと」とある。今日的に言えば、まさに侵略だが、固いことは言うまい。この二十一世紀ですら、明らかに侵略であるにもかかわらず、特別作戦だと強弁する国があるくらいだから、どれほど自国本位の記録があっても、いちいち目くじらを立てる必要もあるまい。

応神天皇出生のいきさつ

ともあれ、任那日本府は、明治政府によって、日本が古代から朝鮮半島を領有してきた証拠として、長い間、重要視されてきた。日韓併合後、朝鮮総督府は、南部地域の徹底的な発掘調査を命じ、貨車十八輌分の出土品を調べ上げたものの、任那日本府の証拠は発見できなかった。半島南部に倭人のコロニーが存在したことは間違いないが、それぞれ分立していて、総督府というほど統一はされていなかったに違いない。官衙（かんが）（役所）のような壮大な建物の存在を期待したから、裏切られたわけだろう。

韓国南西部の蟾津江（ソムジンガン）流域には、多くの前方後円墳が発見されている。古墳時代になっても、和人の権益が残っていた証拠である。

ヤマトタケルの息子の嫁、神功皇后に関して、今しばらく続けよう。ここで、なぜ息子の嫁と繰り返しているかというと、嫁という言葉が、関東と関西で意味が異なるからだ。関東では、嫁と言えば、息子の妻を指すのだが、関西では、自分の妻を指す。そこで、誤解のないように、断わっておくわけだ。

閑話休題にするとして、征服を終えて帰国した皇后は、石を括りつけて、生まれないよう抑えておいた赤子を産み落とす。今日の福岡県糟屋郡宇美町だという地名説話がある。仲哀天皇の崩御から十カ月後だったというから、まさに忘れ形見ということになる。そのため、仲哀天皇の実子ではないという説は、古くからあったくらいである。この赤子が、誉田別皇子、のちの応神天皇である。

皇后は、生まれたばかりの誉田別皇子を連れて大和へ戻ろうとするが、障害が生じる。仲哀天皇の先の妃が産んだ香坂、忍熊の両皇子の存在である。二人は、神功皇后と幼い皇子が帰還すると聞いて、相談する。

「皇后に子が生まれ、家臣たちは、みな従っている。かならず共謀して、幼い主を

「三韓時代」の朝鮮半島

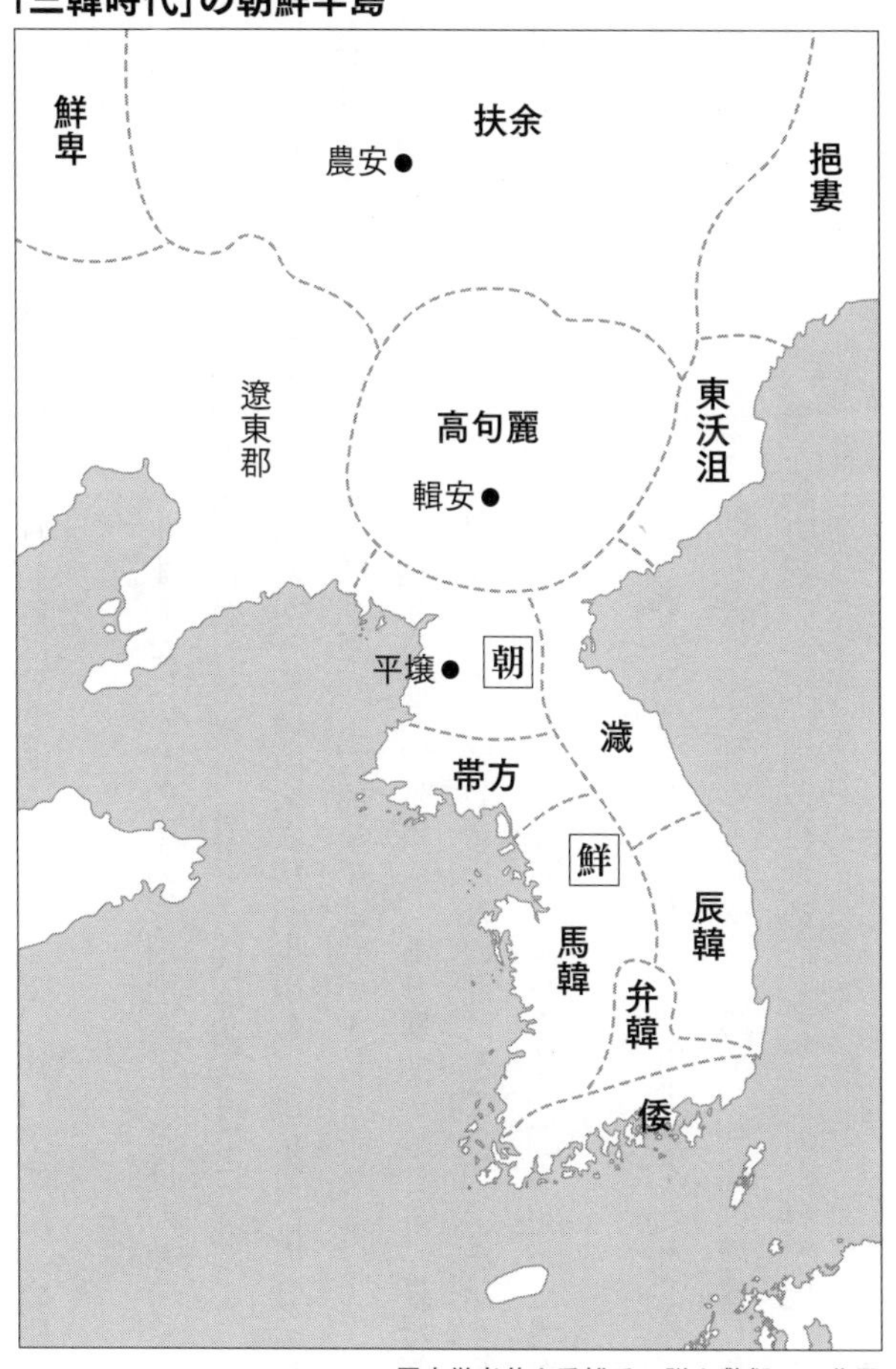

歴史学者井上秀雄氏の説を敷衍して作図

立てようとするに違いない。われわれは兄である。どうして、幼い弟に従う必要があろうか」

こうして、二人の異母兄は、生まれたばかりの弟の誉田別皇子、義母の神功皇后と戦う決意を固めるのだが、その前に狩りにことよせて吉凶を占うことになった。『記紀』で記述に多少の異同はあるのだが、赤い巨大な猪が出現し、なんと香坂皇子を食い殺してしまう。これは明らかに凶兆だが、忍熊皇子は戦いをあきらめない。

一方、紀州へ上陸して大和を目指す皇后の軍勢にも、ある異変が起こる。昼だというのに、真っ暗になって、前が見えなくなってしまったのだ。そこで、手を尽くして異変の真相を探ろうとすると、ある事実が判ってくる。阿豆那比(あづなひ)の罪を犯した者がいるせいだという。

調べてみると、この土地の小竹祝(しののはふり)(神主)という人が、病気で死んだところ、親友の天野祝(あまののはふり)が嘆き悲しんで、同じ墓の中で死んでしまったので、一緒に埋葬したというのである。そこで、墓を掘り起こして、別々に埋め直したところ、昼が戻ったという。

つまり阿豆那比の罪とは、同性愛のことだったのである。つい最近のことだが、神道関係の団体の文書に、ＬＧＢＴの人々に対する無理解とも思われる記述があり、問題になっているが、その是非はともかくとしても、この『日本書紀』の記述を見る限り、古代から宗教的なタブーだったことが判る。しかも、そのタブーを犯したのが神主さんなのだから、戒律違反ということだろう。それにしても、日食が起こるくらいだから、強烈なタブーだったことになる。

双方の陣営に、齟齬（そご）が起こったものの、いよいよ決戦という運びになる。最初の戦いのち、武内宿禰は、忍熊側に和議を申し入れる。神功皇后が戦死したと偽り、もはや抵抗しないとして、弓の弦（つる）を切ってしまい、刀を捨てる。そこで、忍熊も、和議に応じるとして、同様に弓弦を切り、剣を捨てる。その時、皇后軍は髪の毛に隠しておいた弓弦を弓に張りかえ、予備の刀を出して、にわかに襲い掛かる。老獪（ろうかい）な武内宿禰の巧妙な詐術に引っかかり、忍熊皇子は討ち取られ、皇后側の勝利が決定したわけである。

異例ずくめの天皇・応神

こうして、応神天皇の治世が始まるわけだが、いくらなんでも赤ん坊を即位させるわけにはいかない。そこで皇后が摂政(せっしょう)として、しばらく政治(まつりごと)を執り行なうことになる。

応神天皇は、異例ずくめの天皇である。日本史上、諡号(しごう)(贈(おく)り名)に、神という字がつく天皇は三人しかいない。神武、崇神、応神の三人だが、いずれも初代、十代、十五代という区切りの良い位置に在位したとされる。

特に、神武と応神は、いかにもよく似ている。九州で生まれた、瀬戸内海を東征し、大和の対抗勢力を討った。これらの類似から、初代とされる神武天皇は、応神天皇の事蹟をなぞり、遡って創作されたとする説があとを絶(た)たない。また、応神のほうも、異例な生い立ちから、胎中(たいちゅう)天皇という異名を奉られている。さらに、香坂、忍熊の二人の皇子に関しても、異母兄などではなく、大和の在地勢力だとする説が少なくない。この場合は、神功皇后、応神天皇の母子を、九州から(あるいは朝鮮半島から?)やってきた征服者と解するのである。

実は、私も、この説にのっとって、長編小説を書いたことがある。まだ出版不況にはほど遠かった一九七一年のことで、『倭王の末裔――小説・騎馬民族征服説』と題して刊行したところ、単行本（ハードカバー）で十数万部を売り上げ、私の最初のベストセラーとなった。以後、数社で文庫化されて、計数十万部を超えるロングセラーを続けた。

書評などでも取り上げられ、そこそこ評判にもなったので、読者から多くの感想文が寄せられたが、中に面白いものが、それぞれ三通ずつあった。要約すれば、「お前、右翼で、けしからん」というものが、三通。「お前、左翼で、けしからん」というものが、三通。一方は、「神功皇后を征服者として描き、天皇制に奉仕する、反動右翼だ」と罵り、他方は、「畏れ多くも、神功皇后を朝鮮から来た征服者とは、不敬極まりない非国民だ」と罵倒する。著者としては、世の中には、フィクションというものを理解しない人が相当数いるものだと、感心させられた。

応神天皇、あるいは息子の仁徳天皇は、中国の宋王朝に遣使したとされる倭王讃に比定されている。そこで中国の『宋書』に目を向けてみよう。この場合の宋は、唐の次に位置する日宋貿易などの宋ではなく、かろうじて命脈を保っていた東晋を滅ぼして、劉氏が建てた国である。

この宋は、北にある魏と抗争を続ける。南北朝の始まりである。日本では、あまりなじみがないが、宋にまつわる一つの故事だけは、よく知られているだろう。「三十六計、逃げるに如かず」ということわざは、この南宋の将軍檀道済の言葉が語源となっている。もっとも、実際には「逃げるをもって、上策とす」と言ったようだから、兵法には適っている。優勢な敵とは戦うな、というわけだ。

ヤマトタケル直系の子孫・倭の五王の外交戦略

日本史の教科書にも登場する倭の五王が、南朝の宋と交流を持つ。讃、珍、済、興、武という五王で、中国風な呼称で記録されている。日本人の名は、音節が長いので、中国側が漢字で一文字の表記にしてしまったため、日本側の誰に比定されるのか、判りにくい。

現在ですらアメリカへ行ったりすると、たとえば知樹、智之などという名前の人は、トムというふうにアメリカ風に省略されてしまう。それと同じことで、倭王讃の場合、仁徳天皇の和名オオサザキノミコのササの部分の発音を、讃という漢字で表記したのだろうと推測されるのだ。

「高祖の永初二年（西暦四二一年）、詔勅を下した。倭の讃が、はるばる万里の彼方から朝貢してきた。遠くから誠意を表明しに来たのだから、叙勲すべきである、と」

この時の倭王讃を、応神天皇、あるいは仁徳天皇に比定する説が、一般的だが、その次の倭王珍は、宋に対して、ある要求を突きつけてくる。なんと、みずから「使持節都督・倭・百済・新羅・任那・秦韓・慕韓・六国諸軍事・安東大将軍・倭国王」という称号を与えるように、要請してきた。

使持節都督は、中国の官位で、皇帝から軍事権を付与される。秦韓とは、辰韓と書くのが普通だが、『魏志東夷伝』の韓の条では、秦が滅亡した時、亡命者が多かったことから、秦韓とも呼ばれると、はっきり説明してある。のちの新羅の前身である。慕韓は普通、馬韓と書くが、のちに百済となる。神功皇后紀、広開土王碑にある、半島地域への支配権を、宋王朝に承認してもらおうとしたのである。

現代的に考えれば、卑屈な外交のように映るかもしれないが、東アジアの諸国は、こうした冊封体制に組み込まれていた。朝鮮、ベトナムなど、近世に至るまで、この体制から抜け出せなかった。外交、軍事などは、宗主国である中国王朝に任せ、王位の交替も、中国の裁可を受けなければならなかった。日本だけは、のちに聖徳太子が対等外交を試み、冊封体制から脱したのである。

中国から官位を受けることを、叙正という。倭王珍は、先に挙げた長ったらしい官位の叙正を求めたものの、宋は、安東将軍倭国王という称号しか許さなかった。倭王珍の使者は、宋王朝の権威のもとで、半島の権益を保証させようとしたのだが、南宋としても宿敵の北魏と対峙している中で、朝鮮諸国を敵に回したくないから、珍の要求通りには叙正しなかったのだろう。そこで、珍の使者は、自分もふくめた随員にも、官位の叙正を求め、平西将軍、征虜将軍、冠軍将軍、輔国将軍など、十三人分の称号を叙正した。中国側としても、どうせ空手形だから、許可したのだろう。

ヤマトタケルの直系の子孫に当たる倭の五王と、中国南朝の宋との関わりを、詳述するのは、本稿の趣旨ではないが、五王の最後にあたる倭王武の上表文には、触れておくべきだろう。倭王武は、雄略天皇に比定するのが、ほぼ定説となっている。

「貴国の封冊を受けるわが国は、遠く偏ったところにあり、貴国の藩屛（防波堤）を成してきた。昔から先祖がみずから鎧を身に着け、山川を行軍しつづけ、休む暇もないほどだった。東では毛人を征服すること六十六国、西では衆夷を服属させること五十五国、渡海して北を平定すること九十五国に及んだ」

毛人とは、東北の蝦夷を指している。また、衆夷とは、九州の熊襲、隼人などである。これらは、いずれもヤマトタケルの遠征を物語っている。さらに問題となるのは、渡海して北の九十五カ国を平定したという部分だろう。朝鮮半島における倭の権益を意味する。

ただ、この上表文は、功を奏さなかった。この西暦四七八年、南朝の宋は、北魏の圧力によって、滅亡に追いやられたからである。その頃、朝鮮の百済は、北魏の封冊を受けていた。歴史上、近世の日本統治に至るまで、卑屈なまでに冊封体制、事大主義を守ってきた民族は、力関係に敏感だから、とっくに南朝の宋を見限り、強かに北魏に乗り換えていたのだ。

第四章

ヤマト王権の成立と、ヤマトタケル伝説との関わり

河内王朝の祖・ヤマトタケル

十代目の崇神天皇に始まるらしい、いわゆる纏向王朝の歴代帝王は、特徴ある巨大な鍵穴型の前方後円墳の主としても知られ、五代にわたるものの、ヤマトタケルの息子の仲哀天皇をもって、いちおうのピリオドを迎える。次の応神王朝は、河内王朝とも呼ばれるように、現在の大阪府に本拠を移し、明らかに前代と異なるホタテ貝型の前方後円墳を造営する。

世界遺産にも登録された伝・仁徳天皇陵は、世界最大級の墳墓として知られる。最近は、いわゆる宇宙考古学なる分野の人々から、いわば贔屓(ひいき)の引き倒しのような注目を浴びている。全長四百八十メートルを超える巨大古墳は、地上からでは全貌が判らないから、遊覧飛行なども行なわれている。そのことから、ナスカの地上絵などと同じく、宇宙人へのサインだと主張するのである！　私はもともとSF作家だから、フィクションとしては面白いと思うが、ノンフィクションとしては、無理があるように感じる。

また、その父に当たるとされる応神天皇陵と伝えられる巨大古墳は、仁徳陵に次ぐ大きさである。これまで『記紀』の記述を辿ってきたごとく、新たな王朝の創始者のように見える。新たな支配者として登場したからこそ、人民に対して、巨大なモニュメントを造って、権力を誇示する必要があったのだ。

応神天皇とされる帝王は、系譜上はヤマトタケルの直系の孫とされる。つまり、伝説とも神話とも考えられてきた英雄ヤマトタケルは事実上、この王朝の始祖ということになる。

残念ながら、わが国の古代史は、『記紀』の記録を眺めても、正確な紀年は判りにくい。しかしながら、隣りに記録マニアのような民族がいた。中国人である。西暦五七年、成立したばかりの後漢の初代光武(こうぶ)帝のもとに、倭国の使者が赴き、印綬(いんじゅ)(印と紐)を授けられたと『後漢書』にある。これが、志賀島(しかのしま)(福岡市)から出土した有名な「漢委奴国王」の金印だとされる。金印には、長い間、真贋(しんがん)論争があったものの、結局本物と認定され、現在は国宝に指定されている。ただ注意すべきは、『後漢書』では単に印綬と書いてあるだけで、金印とは書いていない点である。

その後、倭の女王卑弥呼が、魏に遣使したのは、二三八年（二三九年説もある）とされる。卑弥呼も「親魏倭王」の金印を授けられたとあるが、こちらの金印は発見されていない。ところが、その後、二四〇年代はじめ、卑弥呼の死後、倭と中国王朝との交流は杜絶えてしまう。

交流が再開されるのは、先に述べたごとく、倭王讃の遣使、西暦四二一年で、広開土王碑の辛卯の年（西暦三九一年）から、ちょうど三十年である。倭王讃を応神天皇に当てるか、仁徳天皇に当てるか、いずれにしても、そこから三十年前とすれば、神功皇后の治世と考えても、矛盾はあるまい。『記紀』に書かれている、いわゆる「三韓征伐」と「百済、〇〇、新羅を臣民とした」という広開土王碑文が、一致することから、この推論の蓋然性は、かなり高いと見てよかろう。

碑文には、倭王の名を具体的に記していないが、神功皇后と想定することも、あながち無理ではあるまい。こう考えれば、これまで伝説と神話のヴェールに包まれていた神功皇后の実在の可能性が、高まってくる。そうなると、その一代前の舅にあたるヤマトタケルも、神話のヴェールを剝がされることになるだろう。

歴史学者が言う「空白の四世紀」には、再考が必要になるだろう。応神天皇に始まる河内王朝になって、いきなり神話から歴史になるわけではあるまい。

ヤマトタケルを天皇として記述した『常陸国風土記』

ヤマトタケルが別格扱いされている点については、これまで触れてきたつもりだが、その息子の嫁にあたる神功皇后も、やはり異例の扱いになっている。『日本書紀』は、仲哀天皇紀の次に、一章を割いて神功皇后紀を設けている。天皇でもない人物に、わざわざ一章を費やして、その事蹟を記録するということは、他に例がない。

わが国の女帝の第一号は推古天皇だから、当然のことだが、推古天皇紀があるが、それ以前に、実質的な最初の女帝として、神功皇后が取り上げられているわけだ。それほど重要視されている人物を、まったくの架空の存在として片づけてしまってよいものだろうか。エポックメーキングな帝王だとする史料が伝わっていたため、異例な扱いになったのではないだろうか？

ヤマトタケルは、ギリシア神話のペルセウス、テセウス、ヘラクレスなどにも匹敵する、日本神話における最大の英雄だと、ここまで考証してきた。しかしながら、何(なに)

分にも神話時代の話である。実在の人物ではあるまいとする説が有力である。はたして、ヤマトタケルは、架空の人物だったのだろうか。ここまで、主として『記紀』に準拠して、論考を進めてきた。ここで、『記紀』を離れて、他の文献にも目を向けてみよう。

『常陸国風土記』には、倭武天皇とある。実際には、天皇位に即いていないヤマトタケルを、天皇として扱っている。『風土記』は、元明天皇の勅命で、各地方の地誌、博物誌として編纂されたものだが、完本が現存するのは『出雲国風土記』だけであり、ほぼ全編が残っているものに、豊前国（現・福岡県東部、大分県北西部）、播磨国、肥前国（現・佐賀県）、常陸国などがある。

有数の古墳県であり、古代東国の歴史に、しばしば登場する上野国の場合、他の文献に引用された逸文すらなく、はたして編纂されたのかどうかも判らない。中央から遠いため、あえて勅命に逆らい、編纂しなかったのか、あるいはヤマト王権にとって不都合な記述があり、抹殺されたのか、あれこれ想像を働かせる余地があるものの、真相は謎である。

ほぼ残っている『常陸国風土記』だが、冒頭に蝦夷征討からの帰途、立ち寄ったヤマトタケルに対して、地元の有志が井戸の水を勧めたところ、あまりにも美味(おい)しいので、裾を浸(ひた)して飲んだという故事から、浸(ひた)しが訛(なま)って常陸になったとする地名説話を紹介している。

もっとも、各地の『風土記』に現われる地名説話なるものは、寒いダジャレのようなものが多く、信用が置けない。古代人のユーモアなのだろうが、現代のわれわれとは感性が合わない場合がほとんどである。一例を挙げると、神功皇后が松浦半島で鮎を見かけ、「珍しい」と言ったことから、松浦(まつら)の地名ができたとする。珍(めずら)と松浦、ダジャレにしても苦しい。

それはともかく、倭武天皇にまつわるエピソードは、『常陸国風土記』の至るところに記されている。茨城(うばらき)郡の条では、国巣(くず)を俗に土蜘蛛と呼ぶと説明してから、都知(つち)久母(ぐも)と万葉仮名で、発音を表記している。この項の終わりに、倭武天皇が、おいしい清水を発見し、賞味したという記事が出ている。

なぜか、倭武天皇は、水と関わりのあるところに登場する。行方(なめがた)郡の条では、水を飲んだはずみに、清水に玉を落としたというエピソードを伝えたあと、この郡の各地を回り、すっかり気に入って、行方郡と命名したとする。蝦夷征討の往復に立ち寄っただけのような記述ではない。倭武天皇は、一時期、このあたりを支配していたのだろうか。

それを思わせるエピソードもある。當麻(たぎま)の里に、倭武天皇が巡幸した時、佐伯鳥日子(さえきとりひこ)という者が、命令に従わなかったので、殺したとある。また、ここから南に藝都(きつ)の里というところがあるが、そこの国栖(くず)の寸津毗古(きつひこ)が、命令に背くので、剣（草薙剣だろう）を抜いて斬り殺したところ、一族らしい寸津毗賣(きつひめ)は恐れおののいて、白幡(しらはた)を掲げて出迎え拝んだので、許すことにした。天皇が行宮(あんぐう)に行くと、寸津毗賣は姉と妹を引き連れて、雨の日も風の日も、朝な夕な心から仕えたので、天皇は、その心根を喜び、寵愛した。そこで、この場所を、宇流波斯(うるは(わ)し)の小野(おの)と呼ぶようになった。

若き英雄の恋物語はいろいろ描かれているが、この寸津毗賣姉妹のエピソードは、『記紀』には見えない。

このあと、天皇が、弓を修理した、炊屋舎(かしきや)（キッチン）を建てたなどという記事があり、その次に意外な記事が続く。后の大橘比賣命がやってきたというのである。東京湾口の走水で、海神の怒りを鎮めるため、入水したはずの愛妃・弟橘媛と同一人物とする説と、その姉とする説があるが、ここでは踏み込まないでおこう。

倭武天皇に関する記事は、他にもたくさんある。従わない者を誅殺したり、行宮を建てたり、さながら、常陸国にヤマトタケル王国を築いたかのような記述になっている。その版図は、香島（鹿嶋）郡に多いのだが、直接の関係はないものの、興味深い記事があったので、一つ紹介しておこう。郡の北三十里に、白鳥の里があった。祖父の垂仁天皇の治世に、天から白鳥が飛んできて、僮女と化したという羽衣伝説の原型のような説話を紹介している。強いて結びつければ、死後ヤマトタケルが白鳥と化した、という伝説とも符合する。

ヤマトタケルを天皇とする記録は、『常陸国風土記』だけではない。ここは、たいして重要とも思えない記録だが、『阿波国風土記』の逸文にも出ている。ここでは、倭健天皇が大御櫛笥を忘れたので、ここを勝間の里と呼ぶようになったと記し、勝間とは粟（阿波）の方言で、櫛笥のことだと説明している。

実際には天皇位に即いていないヤマトタケルが、天皇として扱われている記録が、少なくとも常陸国、阿波国（現・徳島県）という離れた土地で語られていたことは、注目すべきだろう。

『記紀』の編纂以前、さまざまな伝承が多くの地方で流布されていたことは間違いない。『古事記』の序文に、太安万侶が、削偽定実と述べているように、異説を削除してしまった事情は、『日本書紀』も同様である。こちらは、「一書に曰く」として、いくつかの異説も載録しているものの、すべてではあるまい。『記紀』では、載録されなかった多くのエピソードが、地方では語り伝えられたのである。

ギリシアでは、ペロポネソス半島に、ヤマト王権のような統一された権力構造が生まれることがなく、それぞれの都市国家が分立していたから、エウリピデス、ソフォクレスなど、いわゆる神話作家が、地域ごとの伝承を集めたうえで、さらに創作や解釈を加え、新たな神話を創生する余地があったが、日本では、『記紀』によって、いわば統一見解のような神話しか残されなかった。ただ、程度の差こそあれ、地方ごとに『風土記』や神社の縁起などに、歪曲された形ながら、元の伝承が残されるケースもあったのである。

ヤマトタケルが、天皇、あるいは天皇格とでも呼ばれるような存在だったという事実が、東国の常陸国、四国の阿波国までも伝わっていたに違いない。八世紀、『記紀』や『風土記』が成立した時代には、すでに多くの伝承が、日本中に流布していたのだろう。

彩り(いろど)を添える妃(きさき)たち

直接ヤマトタケルとは結びつかないが、父親の景行天皇夫妻、息子の仲哀天皇、その嫁の神功皇后の行幸の記事が、『伊予国風土記』にある。引用してみよう。「天皇等、湯に幸行するとして、降(くだ)ってこられたことが五回ある。まず景行天皇と皇后の八(や)坂入姫(さかいりひめ)とで、一回に数える。ついで、仲哀天皇と神功皇后で、一回とする」

湯とは、道後温泉のことである。景行天皇の場合、ヤマトタケルの生母の稲日姫ではなく、その死後に皇后に立てられた八坂入姫を帯同している。仲哀天皇、神功皇后のあと、以下、聖徳太子、舒明天皇、斉明(さいめい)天皇、天智(てんじ)天皇、天武天皇などが挙げられているが、ずっとのちの帝王である。
聖徳太子が、道後温泉を訪れた理由は、病気療養のためである。「神井に沐して、診を瘳す」とあるから全快したわけで、そのお礼の意味で、道後温泉の効能の素晴らしさを称えて、名文をしたためた石碑（湯の岡の碑文）を建立したとある。「まえがき」で述べたように、南海放送が地中探知機を使って、この石碑を探したが、見つからなかった。もしかしたら、実際には石碑そのものは作られなかったのかもしれない。

この湯の岡の碑文に関しては、学会は否定的である。ほぼ定説らしいのは、本位田菊士氏の説だろうが、小説家顔負けのイマジネーションを発揮している。聖徳太子が道後温泉に来るわけがないから、のちに新羅と戦うため九州へ下向した弟の久米皇子と間違えたと解釈するのである。いくらなんでも、なんの根拠もなく、兄と弟を間違えたというのは、乱暴な話だろう。

遠く離れた奈良の法隆寺の荘倉が、二十数カ所も伊予国（現・愛媛県）にあったことは、聖徳太子と伊予との関わりを示すものだろう。詳しくは、『聖徳太子の悲劇』（祥伝社）で考証したので、興味のある方は参照されたい。

道後温泉に、聖徳太子など実在の人々が訪れているわけだが、景行天皇夫妻、仲哀天皇夫妻の行幸も、同列に数えられている。父親と義母、息子夫婦の間に挟まった形のヤマトタケルだけ、神話上の架空の人物と、片づけてよいものだろうか。ここでは、ヤマトタケルには言及していないが、重要人物だったことは否(いな)めないだろう。

韓国では、朝鮮王朝時代、当人が王位に即いていなくても、王の父には、大院君(だいいんくん)という称号が与えられ、特別扱いされていた。日本では、李朝(りちょう)末期、高宗(コジョン)の父であり閔妃(ミンビ)の舅であった興宣大院君(フンソンテウオングン)が有名なため、この人の謂(いい)になってしまったが、大院君とは称号だから他にもいたのである。

ヤマトタケルが、特別な存在だった事実は、広く知られていたはずである。『日本書紀』では、ヤマトタケルの薨去の記事のあと、一項を割いて、その后妃、子女などをまとめて記している。帝王に関しては、后妃、子女を、ひとまとめに記す癖が、『日本書紀』にはあるわけなのだが、即位したわけでもない皇子に、一項を当てるのは異例である。私の記憶では、他には聖徳太子くらいしか見当たらない。

話が後先(あとさき)になってしまったが、ヤマトタケルの最初の妃・両道入姫は景行天皇の妹に当たるから、叔母と結婚したことになる。現在では考えられないが、古代には許される間柄だった。兄弟でも両親のどちらかが異なれば、結婚する例も珍しくなかった。

兄弟姉妹の結婚は、あたりまえだった。これは、王家の血を純粋に保つためだろう。日本ばかりでなく、有名なクレオパトラが弟と結婚していた例は、よく知られている。天武天皇のように、四人の姪を后としている例もあるから、異母兄弟姉妹、叔父と姪など、珍しくない関係だったが、唯一のタブーは、同母の妹との関係である。万事おおらかな古代にあっても、同朋姦（はらからたわけ）といって、禁止されていた。木梨軽（きなしのかる）皇子のように、同母の妹と関係して、皇太子の地位を棒に振ってしまった人もいる。

ただし、ヤマトタケルのケースでは、タブーではないものの、私の知る限り、叔母と甥の結婚という例は、あまりないようである。父の景行天皇は、息子の荒い気性を恐れていたというから、いわば目付のように、妹を宛がったのかもしれない。両道入姫との間には、足仲彦（のちの仲哀天皇）をはじめ、四人の子女が生まれているが、他の愛人との間に語られるエピソードのような記事は、まったくない。たぶん、この妃のほうが、かなり年上だったろうと思われるから、いわば男女の道の手ほどきを受けるような形だったのだろう。

また、盟友吉備武彦の妹も、妃としている。この妃との間にも子女を儲け、いろいろな氏族の祖となったと記す。また、入水した弟橘媛との間にも、稚武彦（わかたけひこ）という息子がいるとしている。母を失った王子に関しては、何も記述がない。また、恋物語のヒロイン宮簀媛に関しては、まったく記されていない。子女を残さなかったから、割愛されたのだろうか。

ヤマトタケルを祭神とする神社の数々

ヤマトタケルの事蹟は、神々との関わりなど、史実とは思えない彩りで語られている。しかし、須佐之男命の八岐大蛇退治のような超自然の存在との戦いなどは描かれていない。子の仲哀天皇、その嫁の神功皇后、孫の応神天皇から、さらに皇統を継ぐ歴代天皇に連なる家系の祖というべき重要人物である。そのヤマトタケルを、まったくの架空の存在とも決めつけられまい。

『記紀』『風土記』という公式の記録を紹介してきたが、稗史（はいし）と呼ばれる民間の史書には、ヤマトタケルにまつわる多くの記録がある。特に神社仏閣の縁起などには、この英雄の事蹟を語るものが少なくない。つまり、ヤマトタケルは、古くから民間信仰の対象とすらされてきたのである。

たとえば、「まえがき」でも触れた三峯神社は、社伝によれば、ヤマトタケルによって創建されたとされている。東征の折、狼に導かれて、この地に祖神イザナギ、イザナミの二神を祀ったとされ、ここでは、オオカミ信仰と結びつけられている。ダジャレのようだが、狼とは、大神の意味である。ちなみに、朝鮮半島から豹(ひょう)がもたらされた時、中つ神（中くらいの神）と呼ばれた。狼にしろ、虎にしろ、豹にしろ、こうした猛獣は古来、信仰の対象でもあった。

三峯神社では、狛犬の代わりに、狼の像が参拝者を出迎える。赤頭巾(あかずきん)ちゃんの物語など、とかく狼は悪役にされがちだが、それはヨーロッパの国々が牧畜社会だったからである。つまり家畜を襲う害獣扱いだったことになる。農耕社会の日本では、作物を食べる害獣の猪、鹿などを捕食してくれる狼は、まさに大神だったのである。現在、鹿や猪による食害が問題化しているのは、捕食者である狼を絶滅させてしまったからである。

アメリカのイエローストーン国立公園では、絶滅した狼を他から連れて来て繁殖させ、生態系を回復させた例がある。エゾオオカミは、学名をカニス・ルーパス・レックスという。レックス（王の意）とは、その種（スピシー）の最大の亜種に付けられる名称で、ティラノサウルス・レックスが有名だが、恐竜だけに限らない。北海道で牧畜が盛んになり、エゾオオカミは絶滅に追いやられたのだが、地上最大級の狼だった。

私のヤマトタケル・シリーズには、仔牛ほどもある巨大な愛犬真黒（まなくろ）を登場させたのだが、のちにエゾオオカミとの混血であると、種明かしをするつもりだったが挫折してしまった。

これと比べると、本州のニホンオオカミは、逆に最小級の狼である。かつて生存していた頃にも、人間に危害を加えた例は、皆無に等しい。クローン技術などで、復活させようとする案はあるものの、よろずに安全第一の日本人からは、支持を得られていない。

話が横道にそれた。ヤマトタケルを開基とする、あるいは祭神とする神社は、日本中、至るところにある。

いくつか、例を挙げてみよう。先の三峯神社の例でも判るのだが、いつの時代からか山岳信仰と結びついたようである。御嶽神社の多くが、ヤマトタケルを祭神として祀っている。すべてを紹介するページ数もないが、東京都に限っても、池袋、渋谷、青梅などの御嶽神社が、ヤマトタケルを祀っている。また、東京近郊の川崎などでも、事情は同じである。古くから、ヤマトタケルにまつわる物語が広く知られ、やがて神として祀られるようになった証左である。

中世になると、神仏習合が行なわれるようになり、御嶽信仰は、蔵王権現と結びつくことになる。日本の神社仏閣は、全国規模のフランチャイズ・チェーンのような広がりを持っているので、多くの蔵王権現で、祭神の統一が進行したらしい。たいてい五柱の神々で、セットになっている。大己貴命（大国主命）と少彦名命の出雲系二柱、鉱山製錬の神である金山毘古、日本武尊、そして国常立尊である。最後の国常立尊は、説明がいるだろう。

日本神話がギリシア神話と似ている点については先述したが、その創世記の神々が、三段構えになっている構造も、よく似ている。天空神ウラノスと地母神ガイアの間に、クロノスが生まれる。クロノスは、父親を斃して、神々の世界に君臨する。いわゆる巨神族である。クロノスは、自分がウラノスにしたように、子供たちに裏切られるのではないかと怖れ、生まれた子供たちをすべて呑み込んでしまうのだが、たった一人ゼウスだけが逃れて父親を倒し、呑み込まれていた兄弟姉妹を吐き出させ、やがてオリンポス山の王者となる。ウラノス↓クロノス↓ゼウスというふうに、神々の王座が父子の戦いによって交代する。

日本神話では、神々の世代交代の闘争は、描かれていないのだが、三度も代替わりしている点は、ギリシア神話と同じである。まず、アメノミナカヌシノカミ、タカミムスビノカミ、カミムスビノカミという、造化三神が登場する。しかし、これらの神々は、のちのち登場しない。みな隠れ神になったと説明している。次にアメノトコタチノカミなどの神々が現われるが、これも別天神となって、それきり出てこなくなる。次に神世七代という神々が登場し、高天原を支配するようになる。

これら神世七代の冒頭に、国常立尊がいて、最後がイザナギ、イザナミの夫婦神で終わる。もしかしたら、神々の世代交代の戦いなども、伝承されていたのかもしれないが、よろずに平和志向の日本人だけに、その件はカットしてしまった可能性もあるだろう。いずれにしても、ヤマトタケルは、日本のゼウスともいうべき国常立尊と同列に、多くの蔵王権現の祭神とされるのである。

鎌倉時代の初期に編纂された『伊呂波字類抄』に、面白い逸話が載っている。ヤマトタケルが宇陀の山中で狩りをした時、巨大な猪に手を焼く。そこで、たまたま目についた樹液を矢に塗って射たところ、猪を斃すことができた。その樹液を什器に塗ってみると、見事な仕上がりになったので、これを職掌とする部曲を設けた。漆部という。これによれば、漆器を開発したのは、ヤマトタケルということになり、人類に火を教えたというプロメテウスなみに、神話学でいう文化英雄神になったことになる。

神聖化されたのは、ヤマトタケルばかりではない。その子孫も、さらに神聖化されている。有名な八幡さまの祭神として、たいてい仲哀天皇、神功皇后、応神天皇の三柱が、家族セットで祀られている。つまり両親と息子というマイホーム型の祭神になっているわけだ。

祭神は、いかにも平和的だが、この神社の属性は、戦いである。熊襲、新羅、異母兄弟などを相手に、戦いに明け暮れたとされる事蹟を踏まえたものである。以後、八幡さまは、日本全国に摂社、末社を有する最大のチェーン神社となり、太平洋戦争に至るまで、戦いの神として尊崇されることになる。

なぜ神武天皇を祀る神社がないのか

ヤマトタケル→仲哀天皇→応神天皇という系譜が、そのまま神として祀られ、数百社も全国規模で信仰されているわけだが、歴代天皇すべてが、このように神社の祭神とされ、信仰されているわけではない。今上陛下で百二十六代に当たられるが、神社の祭神とされている天皇は、それほど多くはない。何か重要な事蹟を残した天皇が、神社の祭神として祀られるのかというと、そうでもない。

たとえば、平安遷都、蝦夷征討など、いわば節目に当たる時期に在位した桓武天皇を祀る神社は、まったくない。桓武天皇は、日本史上トラヴァーユのため奔走した唯一の天皇である。父親の白壁王は、皇位にはほど遠い下級皇族であるから、父親が死ねば皇族の身分を失い、自活しなければならないから、就活に励んだこともある。ところが、重祚（二度即位すること）した孝謙＝称徳女帝が、猜疑心から多くの皇族を殺してしまったので、後継者がいなくなってしまった。白壁王はアルコール依存症だったため、あるいはそれを装ったため、殺されずに済んだので、お鉢が回ってきた。父親が思いがけず、天皇になってしまったため、山部王（のちの桓武天皇）も皇太子ということになり、やがて即位することになった。

有名な平安神宮（京都市）は、どうかと不審しく思う読者がおられるかもしれない。しかし、平安神宮は、京都遷都を記念して、明治政府が建立したもので、こう言っては語弊があるかもしれないが、特に由緒があるわけではない。この天皇ゆかりの神社として、平野神社（同）があるものの、祭神は天皇自身ではなく、母親の百済系渡来人の高野新笠である。

そもそも、初代とされる神武天皇を祀る神社が、ほとんどないのである。橿原神宮（橿原市）はどうかという向きもあろうが、明治天皇が建立した神社で、完工したのは、ちょうど神武紀元二千六百年、つまり一九四〇年になってからだ。

『記紀』には、神武天皇が橿原宮で即位したとあるが、その場所がはっきりしない。たまたま、橿の根がたくさん見つかったので、明治政府が、現在の場所に決めたというのである。しかし、いくらなんでも根拠に乏しいから、箔がつかない。そこで、京都御所、伊勢神宮などから、一部の建物を移築して、時代性を付けたものである。

また、宮崎神宮（宮崎市）も、神武天皇と関わりがあるものの、実際に文献に現われるのは、鎌倉以降であり、『記紀』や『風土記』が成立した時代には、まだなかったと思われる。平安時代の文献『延喜式』に、各地の神社が紹介されている。ここで取り上げられる神社は式内社と呼ばれ、由緒あるものとされるが、宮崎神宮は見当たらない。宮崎神宮は、明治時代になるまでは神武天皇社と呼ばれ、細々と信仰されていたものの、知る人も少なかった。明治期になってから、先祖の神武天皇との関わりから、まず村社に指定されたものの、規模は小さかった。その後、初代天皇に連なる由緒が評価されて、急速に格上げされて、とうとう官幣大社の指定を受ける。社域も数十倍に拡大したものの、紀元二千六百年記念の八紘一宇の塔など、今出来の建築物が多い。
祭神とする神社が乏しいことからも、神武天皇なる人物が、応神天皇の事蹟を参考にして、歴史を遡らせる目的で、創作された架空の存在だとする説があとを絶たない。そうかと思うと、在位年数も短く、さして重要とも思われない安閑天皇などは、どういうわけか、数十社に祀られている。しかも、この天皇には子女がなかったから、子孫が祀ったというわけでもないし、朝廷が祀る理由もない。

王家の内紛ではなく、臣下によって殺された唯一の天皇である崇峻天皇の長男にあたる蜂子皇子は、『日本書紀』には名前だけしか書かれていないが、どういうわけか、出羽三山（月山、羽黒山、湯殿山。鶴岡市ほか）の開祖として祀られている。その肖像画は、もちろん後世のものだが、何やら妖怪じみた容貌である。先に挙げた早良親王も、崇道天皇社として祀られているが、これは怨霊になっては困るから、鎮魂めのためである。

これら例外的な祭神とは異なり、ヤマトタケル一族は、日本の歴史の中で、連綿として尊崇され続けてきた。全国に数えきれないほど存在する八幡さまへの信仰は、戦いの神としての属性から戦中は奨励されたものの、戦後になっても衰えたかというと、そんなことはなかった。今も変わらず、信仰されている。

ヤマトタケルの銅像も各地にある。受難の地である伊吹山（米原市）の山頂では、ドライブウェーの終点のパーキングから、ヤマトタケルの巨大な銅像を、仰ぎ見ることができる。

また、北陸新幹線で人気の観光地・金沢の兼六園にも、ヤマトタケルの銅像が立っている。一八八〇年の建立とあるから、日本でもっとも古い洋式の銅像の一つである。なぜ、この銅像が、縁もゆかりもない金沢にあるかというと、西南戦争において戦死した当地の英霊に捧げるためだったという。異郷でしかない九州で戦ったヤマトタケルに、同じく九州で戦い戦死した兵士の魂の救済を託したのだとされる。

神功皇后のほうも聖化されていき、明治のはじめ、紙幣の肖像画にも、採用されている。当時、日本の印刷技術は劣っていたので、美術、デザインのため、お雇い外国人として招かれていたイタリア人のエドアルド・キヨソネに、紙幣、切手などのデザインが託された。当初の紙幣に描かれた神功皇后の肖像は、西洋人のような容貌となっている。キヨソネの筆が走ったせいらしい。

ここで、ヤマトタケルについての既成の解釈を、確認してみよう。神話上の人物という位置づけから、定説に近い解釈は、多くの王子将軍（みこのいくさのきみ）が行なった征服事業を、一人の英雄に仮託して、創作されたものとする。異郷で戦死した王子もいたろうし、征服した土地に根を下ろした王子もいたに違いない。これら王子将軍を、一人の英雄として描く口承物語が、やがて『記紀』や『風土記』に採録されたのだと、解釈するのである。

もう一つ、別な解釈も紹介しておこう。一説では、天智天皇に健（たける）皇子という長男がいたことがヒントになったという。健皇子は、口が聞けず、夭折したとされる。天皇は哀れな愛児に対して、英雄伝説を仮託したというのである。この皇子を、宮廷の詩人などが、一人の英雄として描き、世に広めたのだとする。

私は、ここで、ヤマトタケルが実在したと説く勇気はない。ただ、現代の皇室まで続く直系の先祖を、まったく架空とも決めつけられまい。ヤマトタケル、息子の仲哀天皇、神功皇后までは、神話として片づけてしまい、孫の応神から突然のように歴史になるというのも、どこか唐突な気がする。今後、何かのイデオロギーの物差しで測るのではなく、文献資料、考古学的な知見などで、研究する余地があるだろう。

第五章

『記紀』は天皇を美化していない!?

左翼思想に乗っ取られた古代史学会

応神、仁徳と続く河内王朝と、中国南朝の宋との関わりについては、すでに記した。このことをもってしても、応神、仁徳の実在を疑う研究者はまずいないだろう。

ただ、考古学者はかなり慎重で、応神陵、仁徳陵とされている世界最大級の巨大古墳に関しても、素直に認めているわけではない。仁徳天皇陵の場合、大山古墳、大仙陵古墳、伝・仁徳陵などと呼ぶ場合が多い。墓誌が出土していないから確定できないというが、『記紀』などの記述から、ほぼ間違いないところだろう。

ところが、応神天皇の両親に当たる仲哀天皇と神功皇后、祖父にあたるヤマトタケルは、にわかに神話のヴェールに覆われてしまう。あたかも、そこで神話と歴史が、突然入れ替わったかのような理解になっている。なぜ、そうなるのか?

戦前、戦中、日本の国史教育では、『日本書紀』の神代(じんだい)編から、あたかも歴史であるかのように扱われ、そのまま教えられていた。戦後、そのことへの反省と相まって、マルクス史学が解禁になったためもあり、過剰なくらいの『記紀』批判が起こった。『記紀』の記述を前提とした学説など、しばしば皇国史観の烙印を押され、葬り去られることが少なくなかった。文献史学者にとって、皇国史観と呼ばれることは、一般の人が泥棒扱いされるより、はるかに致命的だったのだ。

今思えば噴飯ものだが、戦後の一時期ほぼ定説化していた帰化人（渡来人）の由来に関する説明がある。マルクス史観なのだろうが、強引に日本古代史に当てはめようとするものだ。ヤマト王権が拡大すると、軍事力、生産力の余剰が生じ、歴史的必然として朝鮮半島への侵略となり、無辜の住民を奴隷として連行した、というのである。

一見すると、歴史の黎明期から、朝鮮半島への侵略（?）を反省している良心的な解釈に聞こえないこともない。しかし、高句麗、百済は、扶余系の騎馬民族国家である。

また、新羅も別系統ながら、東洋のスパルタと呼ばれる軍事国家である。ヤマト王権が攻めて行ったからといって、あっさり奴隷になるわけがない。つまり反省しているように見せながら、朝鮮の人々を劣等民族扱いしていることになる。

こうした妄説をまき散らした自称文献史学者は、『記紀』を読んだことはないのだろうか。弓月君など、百二十県の領民を引き連れて渡来したと、ちゃんと書いてある。母国での政争に敗れた勢力が、一族郎党を引き連れて堂々と日本へ渡来してきたわけで、とても奴隷どころではない。

当時、左翼思想に乗っ取られているような状態は、古代史学会ばかりでなく、日本社会のすべての分野で起こっていた。学会はもちろんのこと、マスコミも、地方自治体も、いわゆる論壇も、マルクス主義を信奉するオピニオン・リーダーたちに、いわば支配されているようなありさまで、明日にもプロレタリア革命が起きるのではないかという、恐怖と期待が、日本中に充満していた。

一例を挙げれば、京都府政などは蜷川(にながわ)人民共和国と呼ばれたほどで、組合専従の左翼職員は、イデオロギー的なプロパガンダに明け暮れし、まったく住民を無視したまま、地方公務員らしい仕事をしなかったという。この傾向は東京、横浜(よこはま)など主要都市でも、左翼首長が続き、行政が麻痺(まひ)する事態が続いたのである。また、旧国鉄(現・JR)も、国労(国鉄労働組合)、動労(国鉄動力車労働組合)など、左翼労組に支配され、ストライキ(スト)が恒常化してしまい、乗客など客ではないかのようにしか扱われなかった。さしも温和な日本人の乗客も、国鉄職員のあまりの横暴さに、とうとう上尾駅では暴動を起こしたことがある。

総評（日本労働組合総評議会）は、もともとGHQ（連合国軍最高司令官総司令部）のアドバイスで発足した。健全な労働運動を許可することによって、共産主義の脅威を排除するためだったから、社会党を支持母体としたものの、共産党とは一線を画していた。ところが、日本が国際社会へ復帰すると共に、コミンテルン（国際共産主義運動）の影響が浸透し、しだいに左傾していった。いわゆる識者といえば、進歩的文化人と称する左翼オピニオン・リーダーが、マスコミをはじめ日本社会の多方面を取り込み、今にもプロレタリア革命が起こりかねない状態だったのを、私の世代は、はっきり覚えている。

どうしてここまで偏向した労働運動がまかり通ったかというと、国家的な規模で労働組合が、階級闘争を目指したからである。それにもかかわらず、なぜ日本が共産化しなかったのか。私見だが、皇室の存在が、抑止力となったからだと思う。私の記憶だが、傍若無人にストを繰り返す国鉄の動労、国労が、ストの日にちを変更したことがある。彼らが、ストを予定していた日が、たまたま天皇陛下（昭和天皇）の地方行幸の日と重なってしまった。その時、乗客を軽んじていた国鉄労組の幹部が、こう言ったそうである。

「お召し列車を止めるわけにはいかん」

昔陸軍、今総評。泣く子も黙る動労、国労。などと恐れられた労組が、ストの日にちを、ずらしたのである。さすがの労組幹部も、皇室には、逆らえないと知っていたのである。怖いものなしの労組も、皇室に逆らえば、国民の支持を失うことを、感覚的に判っていたのだろう。

余計なことを書いてしまったが、こうした世相のもとで、古代史研究も、左傾したまま、歪められていた。マルクス主義に基づく唯物史観では、野蛮〜未開〜文明という発展段階が説かれる。いわゆる進歩史観というもので、野蛮にしても、未開にしても、劣った発展段階という定義のもとで扱われる。

カール・マルクスは、アジア式生産様式として一括り(ひとくく)りにしたのだが、東南アジアと日本とでは、事情が異なるし、当時は中国文明の一部くらいにしか思われていなかった日本だが、現在は小さいながら独立した文明圏として扱われるようになっている。

戦後の左翼学者たちは、唯物史観という物差しだけで、日本のすべてを説明しようとしたのだから、どうしても無理が出てくる。真っ先に、引っかかったのが、天皇、皇室にかかわることである。マルクスは、アジア式生産様式の背後に東方専制君主(oriental despot)の存在を、定義してみせた。

左翼史観の被害者となった女帝たち

そもそも天皇制という言葉すら、戦後のマルクス主義者が創作したものである。天皇、皇室は、日本文化の基層(substratum)そのものであって、制度ではない。その天皇、皇室の存在が、東方専制君主として、マルクス主義者から標的にされたのである。政権党、産業界、多くの国民が、皇室を尊崇する心を保ちつづけている。傍若無人な左翼人士も、それを承知しているから、まず歴史から手をつけて、皇室に対する国民の崇敬の念を切り崩そうとしたのだろう。

日本の場合、悪いことに、戦前のすべてを否定しようとする、いわゆる自虐史観のフィルターがかかってしまったため、学問というより、イデオロギーの物差しで古代史を眺めることがまかり通ってしまったから、さらに始末が悪い。自虐史観の立場からすれば、日本史は悪として裁かれなければならなくなる。たとえば、江戸時代だが、封建制のもと苛斂誅求が行なわれ、一揆が頻発した暗黒の時代相しか教えられない。江戸の町民文化、識字率の高さなどには、知らんふりをしてしまった。

一事が万事、唯物史観と自虐史観で解釈するのだから、どうしても歪んでくる。体制が包含する構造的矛盾→闘争→革命ののちに、理想とする共産主義社会が到来するというのだから、思想というより、むしろ宗教に近い。実際に、体制の構造的な矛盾に対して、体制内部からの闘争で、独裁体制が覆ったなどという例はない。北朝鮮にしろ、キューバにしろ、外から希望的に見れば、崩壊するはずの矛盾を抱えているものの、現在も命脈を保っている。ヒトラーのナチス政権にしても、アメリカ、ソ連の参戦によって倒されたわけで、内部矛盾で崩壊したわけではない。

また、唯物史観から見れば、体制内に偉人や英雄が存在していては、まずいわけである。ましてや、野蛮、未開の社会では、いちおう母系制社会が機能しているにしても、女性の地位は低いとされる。

フリードリッヒ・エンゲルスは、『家族・私有財産・国家の起源』の中で、こう述べている。

「英雄時代のギリシアの妻は、なるほど文明期の妻より尊敬されているが、しかし、結局のところ、彼女は夫にとって、嫡出子の母であり、――中略――（夫が）意のままにすることのできる女奴隷たちの監督官にすぎない」

まぁ女権の確立していない十九世紀の著作だけに、いちおうの理解はできるものの、やはり偏見だろう。エンゲルスほどの人なら、当然ローマと戦ったブリテン女王ブーディカくらいは知っていたはずである。英雄の妻は、夫の愛妾を監督するだけの存在にすぎないと即断するのは、やはり間違いだろう。最近では、共産主義の中国ですら、これまで悪女扱いされてきた漢の呂后、唐の則天武后の評価が変わってきている。呂后は、残忍な面だけが強調されてきたが、前漢、後漢にわたる四百年の基礎を築いた名君として、高く評価されるようになっている。

日本でも、左翼史観の被害女性は、神功皇后だけにとどまらない。

のちの推古天皇も、唯物史観の被害者の一人だろう。本邦最初の女帝なのだが、息子の竹田皇子を立てるためのつなぎとして即位したとされるだけで、矮小化されすぎている。一方では善のスーパースター聖徳太子、他方では悪のスーパースター蘇我馬子の間にあって、とかく女帝の事蹟が軽く考えられがちである。保守的な論者は、摂政である聖徳太子が、政治をすべて行なったと説く。一方、左翼的な論者の中には、遣隋使の派遣すら、実際には蘇我馬子が行なったとし、女帝ばかりでなく、聖徳太子までも巻き添えに否定する人がある。

推古女帝は、『日本書紀』では「姿色端麗」と評されているから、美人だったことは間違いない。夫の敏達天皇の喪に服していた時、穴穂部皇子にレイプされかかる。日本史上、レイプされかけた天皇は、彼女以外にいない。のちに、崇仏、排仏の両派に分かれて、ヤマト王権が二分された時、反対派が天皇候補として担いだ穴穂部皇子を腹心に命じて殺させている。レイプされかけた恨みを忘れていなかったのだ。『日本書紀』は、彼女を「進止軌制」とも評している。行動に計画性があるという意味である。頭の切れる人だったのだろう。キングメーカーとして、崇峻天皇を擁立している。単なるお飾りなどではない。人並優れた能力があったからこそ、崇峻天皇が暗殺されたあとを受けて、日本最初の女帝になったのである。

『記紀』は天皇を美化などしていない

かねがね疑問に感じていたのだが、『記紀』は天皇制を美化するために書かれたとする定説が、どこか変なのではないかと思われるのである。戦後の唯物史観全盛の時代、『記紀』批判は、文献史学者の心得のようになっていた。こうした思想上の呪縛が解けても、べつだん左翼でない人ですら、『記紀』批判の残滓を引きずっている。

『記紀』を読んだことがあれば、判るはずである。もし、天皇、皇室を美化するためだけなら、いわば編集責任者にあたる舎人親王は、天皇家の長老格なのだから、どんな記述も可能だったはずだが、それをしていない。

たとえば、暴君ネロの日本版のような武烈天皇の事蹟も、オーバーなくらいに描いている。胎児の性別を当てるゲームをやり、妊婦の腹を裂いたとか、囚人を水路に落として、流れてくるところを槍で突かせたとか、とうてい事実とは思えない悪行を載録している。後者のほうは、水路に盃を流して一周する間に歌を詠むという、曲水の宴（えん）という優雅な遊びがあったから、これは、その曲水の宴の殺人版だろう。

この武烈天皇に関しては、皇太子時代の奇妙なエピソードが記されている。皇位を狙った平群真鳥（へぐりのまとり）を誅殺したのだが、死に臨んで真鳥は呪いをかける。日本中の塩の産地を挙げて、そこで採れた塩にはすべて呪いをかけて、皇室の人々には食べられないようにしたという。

ところが真鳥は、角鹿（つぬが）（敦賀）の名を言い忘れる。そこで、以後、皇室に供（きょう）される塩は、江戸時代に至るまで敦賀産に限られていたという。現在、どうなっているか知らないが、今なら輸入の塩もあるわけだから、真鳥の呪いも時効ということだろう。

その前の時代になるが、雄略天皇には、大悪天皇という異名を奉っている。もし、仮に、そのような異名が民間に流布されていたとしても、皇室の権威に関わることだから、常識的に考えれば、わざわざ書くわけがない。むしろ隠そうとするのが、普通だろう。勘ぐれば、皇室を美化するどころか、逆に『日本書紀』こそ、自虐史観の原点と言えるかもしれない。

ヤマトタケルの白鳥の陵については、曾孫にあたる仁徳天皇の治世のこととして、不思議な記述がある。

即位六十年は、例によって水増しなのだろうが、天皇はみずから乗り出して、白鳥の陵の陵守（みささぎもり）たちを別な仕事に徴用してしまった。すると陵守の長が、たちまち白鹿と化して、逃亡してしまったという。そこで、天皇は詔勅を下した。

「この陵は、もともと空（むな）しいものだった。（ヤマトタケルの遺骸は、白鳥と化して飛び去ったから、そこに埋葬されていない）そこで、陵守を廃止しようと考え、他の仕事に転用しようとしたのだが、この奇現象を見てしまっては、たいへん畏れ多いことである。陵守たちを移動させてはなるまい」

不思議なエピソードだが、白鹿は、ヤマトタケル伝説とも関わりがある。仁徳天皇の曾祖父に対する尊崇の念を示したものだろう。

そう言えば、前に挙げたイザナギの黄泉国での出来事も、『日本書紀』の傾向を反映しているかもしれない。皇室の祖神イザナミが、おぞましい姿を見た夫のイザナギを、ゾンビとなって追いかけてくるというのだから、不敬とも冒瀆とも言える。とても天皇制を美化するどころではない。

なぜ、天皇、皇室にとってマイナスにしかならないことを、わざわざ皇室（インペリアル）・年代記（クロニクル）とも言うべき『日本書紀』に載せたのだろうか。現在のように考証学は発達していなかったが、やはり本来の説話、伝承、神話、物語などを、尊重したからだろう。フィクションというものが成立するのは、もっとあとの時代になってからである。エウヘメリズム的に、覚えやすいように変形されていた語り伝えなども、できるだけ原型のまま載録したことが、いわばエンターテイメントになったわけだろう。左翼のプロパガンダに毒されることなく、素直に読んでみれば、ただちに判るだろう。確かに面白いのである。

イザナギ、イザナミの黄泉の国の物語の背景には、たぶん、このような出来事があったにちがいない。古代には、貴人が死ぬと、鎮魂のため殯（もがり）という行事を催した。死者の遺骸は、玄室（げんしつ）に安置されるが、扉石は閉じられないままである。愛する人を失った若者が、最期に一日でも会おうと考え、掟（おきて）を破って、玄室に侵入したのだろう。しかし、彼女の死後、かなりの日時が経過している。若者が、そこで見たものは、生前の美しい彼女ではない。腐乱死体である。若者は、恐怖のあまり、悲鳴を上げて玄室から逃れ出る。こうした悲劇を背景として、いわばホラーとして、黄泉の国の神話が成立したわけだろう。

A級ホラーと考えれば、怖がらせるというのも、エンターテイメントの重要な要素に当たるだろう。また、武烈天皇の暴君譚などは、サービス精神で、話を盛りすぎてしまったのかもしれない。皇室の重鎮である舎人親王が、編集責任者の権限で、検閲のようなことをするつもりなら、いくらでも可能なはずだが、『日本書紀』では、そういう作為を働かせていない。

天皇、皇室という存在は、日本文化の基層を成すものであって、制度ではない。今年（二〇二二年）は神武紀元二千六百八十二年に当たるが、考証してきたごとく、これは真実ではあるまい。ただ、皇統が少なくとも二千年近く、連綿として続いてきたのは、ほぼ間違いないところである。皇統には、男系男子が相続するという決まりがある。

このことをもって、現在のポリティカル・コレクトネスの風潮からか、女性差別であるかのように非難する向きもあるが、これは文化というものを理解しない偏見である。人類の染色体のうち、Y染色体は男子にしかないし、男系でしか伝わらない。古代の日本人が、生命化学の知識があったとは思えないが、そういうルールになっていた。逆に唯物史観で唱えられる母系制社会だが、ミトコンドリアDNAは、女子にしか存在しないから、母系制でないと伝わらない。

いずれにしても、皇室は、男系男子で受け継がれ、途中ヤマトタケルを経て、その直系の子孫であらせられる現在の天皇陛下に至るまで、維持されてきたのである。

中国においては、何度も王朝の交替があり、その戦乱により、常に人口が半減したりする過酷な歴史が繰り返されてきたのだが、日本ではそうではなかった。天皇、皇室は、人民の幸福、国家の安寧を祈る精神世界の長であり、俗世の権力争いには加わらない理想を、おおむね貫いてきた。

中国では、王朝交替の論理として、禅譲、放伐という二つの方法が説かれる。神話的な古代の聖帝とされる堯から舜へと平和裏に政権を移したのが禅譲である。暴君として有名な紂王を周の武王が武力で倒したのが、放伐である。

古代のほうがモラルが高かったとするので、実際には武力で前王朝を倒した場合でも、脅迫したうえで帝位を譲らせ、あたかも禅譲であるかのように取り繕うのである。

日本では、万世一系というルールがある。蘇我氏や藤原氏や足利氏が、どれほど権勢を誇っても、自分が天皇になろうなどとは考えなかったから、王朝の交替はありえなかった。唯一の例外が平将門だが、さる人の夢のお告げで新皇と称したというだけで、どこまで本気だったか判らない。将門は桓武平氏で、桓武天皇の五世の子孫だから、もしかしたら世が世なら自分が天皇位に即いていたと考えたのかもしれない。

実際、自分から行動を起こした天皇は、それほど多くはない。ヤマトタケルの直系の孫とされる応神天皇は、母の神功皇后の庇護のもとで、河内王朝の始祖のような存在となるのだが、この王朝の最後には、武烈天皇という暴君を生むことになり、後継者がいなくなる。そこで、大臣の大伴金村が、身を隠していた皇族など、探し出して擁立しようとするのだが、恐れて逃げてしまう者もあり、なかなか巧くいかない。

やがて北陸方面にいた応神天皇の五世の孫とされる継体天皇が選ばれる。だいたい、現在でも自分の五代前の先祖を知っている人は少ないだろう。そのため、継体天皇には、皇室との関わりを疑う説は、以前から少なくなかった。継体天皇は大和に入るまで、現在の京都府あたりにいて、二十年も空費する。このことから、武烈天皇との戦いがあったとする解釈もある。ここで皇統は途絶し、新王朝が始まったとする説は、かなりポピュラーだが、これ以上は踏み込まないでおこう。

天皇号は推古女帝に始まるとされるが、近年の研究では、天智、天武まで下るという説も有力になっている。大化改新で、権力を握った両帝には、天皇を名乗ることで、箔を付ける必要があったのかもしれない。奈良時代、平安時代に移ると、天皇、皇室は、実際には政治から離れ、いわば象徴的な存在になる。第二次大戦後の平和憲法のもとで、にわかに象徴とされたわけではなく、平時の天皇、皇室は、俗世界とは離れた立場で、人民を見守り続けたのである。ただし、有事には、例外的な天皇も現われる。

桓武天皇は、下級皇族だった父親の光仁天皇が即位したため、非常事態のような内紛を経て天皇位に即いた。そのため、平安遷都、蝦夷征服など、大規模な国家事業を行ない、権威を確立する必要があった。次の時代まで、内紛、怨霊騒ぎが収まらず、平城天皇は弟の嵯峨天皇に譲位したものの、権力を手放そうとせず、薬子の乱などを招く。

しかし、その後継者は、雅な平安文化を象徴する存在となる。嵯峨天皇は、現在でも天下の三筆と称えられる。書道の普及に、おおいに寄与している。これが、天皇、皇室のあるべき姿の典型であろう。今上陛下も、水運、水利事業の研究に携わっておられるが、あまり日の当たらない文化、研究などに邁進されることで、多くの国民に範を垂れる存在となるのである。

しかし、平安の貴族文化の時代が武士の台頭によって揺らいでくると、天皇、皇室のありかたも変化してくる。平時の天皇、皇室と有事の天皇、皇室とはまったく別物になってしまう。いわゆる保元・平治の乱では、源平双方が、自分に都合の良い天皇、元天皇、天皇候補などを担いで、正統性を主張するから、事がややこしくなる。

皇室の側にも、単に担がれているばかりではなく、影響力を行使しようとする人物が出現する。後白河法皇のように、在位したのは僅か三年に過ぎないものの、退位してから以後三十数年にわたって、いわゆる院政を敷き、しばしば院宣（上皇の命令書）

を濫発して、人々が争うのを楽しんでいたふうな人もある。こうした有事においては、天皇、皇室の持つ潜在的ながら巨大な影響力が利用されることになる。

私は歴史を学んだから、天皇、皇室の有する光と影の部分にも、これまで言及してきた。『天皇と日本人』を上梓した際は、天皇、皇室の存在をお神輿に譬えてみたため、不敬なことと見做されたようで、天皇、皇室に反対しているかのように誤解されたものである。不敬な譬えになるが、今もって、この考えは変わらない。天皇、皇室は、途方もない影響力を持っている。

ここで、日本史の経緯を事細かく追っていく紙数もないが、江戸時代、幕府が徹底的に皇室を封じ込めたのは、その影響力が行使されることを極度に恐れたからである。天皇、皇室は、いわば京都に押し込まれたような状態で、わずかな歳費しか与えられなかった。歴代天皇が崩御すると、かつてのような壮大な天皇陵など望むべくもなく、泉涌寺（京都市）の質素な墓に埋葬されていた。なかには、葬儀費用が捻出できずに、崩御したのち放置されていた天皇もあったほどである。

その幕府も、末期になると、天皇、皇室の力に頼らざるをえなくなる。いわゆる公武合体が実現し、皇女和宮（かずのみや）が降嫁（こうか）することになる。一方、討幕派も手を拱（こまね）いているわけではない。幕末の長州（ちょうしゅう）藩、薩摩（さつま）藩などの藩士は、天皇、皇族を玉（ぎょく）という隠語で呼んでいたそうである。つまり、玉を手に入れたほうが、勝ちになると踏んだようである。

天皇、皇室の存在は、欧米列強の間でも問題となった。フランスのレオン・ロッシュ公使のブレーンだったメルメ・ド・カション神父が翻訳したというナポレオン三世の国書に目を通したことがあるが、かなり拙劣な日本語訳である。これに対して、イギリスのラザフォード・オールコック公使は、アーネスト・サトウという有能な日本語使いのアドバイスを受けていたから、日本の潜在主権は、徳川（とくがわ）将軍ではなく天皇にある、という進言を受けていた。

結局、アーネスト・サトウの読みが優（まさ）り、戊辰（ぼしん）戦争は終結し、明治政府が誕生する。明治時代、日本は立憲君主制を取り、日清・日露戦争という国難を乗り越え、先進国の仲間入りを果たす。大正時代には、第一次大戦の戦勝国となり、大正デモクラシーという、つかのまの平和を享受する。大正天皇は、病弱ではあったが、生涯に一三六七首の漢詩と四一五種の和歌を残された。古代の嵯峨天皇の書道と同じく、文化研究の庇護者としての天皇、皇室の役割を果たされたことになる。

やがて、時代は、昭和の動乱期を迎える。明治憲法下にあっても、天皇は憲法に従う象徴だった。マスコミは、軍隊の統帥権が天皇に帰属するという憲法の規定を盾に、白馬に跨る大元帥陛下としての天皇のPRに、躍起となった。また、当時の新聞は、日独伊の三国同盟のPRに務め、日本を破滅の方向へ導いた。

最近は、左翼系の唯物史観の物差しを当てはめて、古代史を論じるという風潮は、影を潜めたように見える。天皇、皇室の存在に、崇敬の念を保ちながら真実を求め、皇統を維持していくことは、かなり難しい。昭和天皇が、白馬にまたがる大元帥陛下として、マスコミによって祭り上げられ、戦争に利用されたことは、それほど昔のことではない。

近年に至っても、皇室を利用しようという動きは、あとを絶たない。小沢一郎氏は、中国の習近平氏がまだ指導者になる前、剛腕と称された政治力を発揮して、天皇陛下（現・上皇陛下）の異例の接見を強行してしまった。指導者でもない外国の政治家を、日程を繰り上げてまで陛下が接見された前例はない。私は、政治向きの話には疎いほうだが、習氏が、中国のトップになった際、天皇陛下の接見を受けたことが、なんらかのプラスに働いたとは、考えられないだろうか。

権勢の絶頂にあった国鉄労組でさえ、お召し列車を止めるわけにはいかないとして、ストの日程をずらしたほど、天皇、皇室への国民の信望、崇敬は大きい。将来にわたっても、連綿と続く皇統を維持するためにも、天皇、皇室を悪用することのないよう、常に関心を持って国民が見守るべきだろう。

新聞で、あるニュースを読んだ。若い人たちが、『古事記』『日本書紀』に関心を持っているという。この本では、ヤマトタケルを通じて、拙い筆で紹介したつもりだが、どこまで面白さが伝わったか、心もとないものの、そうした傾向の一助になれば、作者としても嬉しいことである。

参考文献（主要なものに限る）

『古事記祝詞（日本古典文学体系）』岩波書店、一九五八年。

『日本書紀（日本古典全書）』一～六　朝日新聞社、一九四八～一九五七年。

『風土記（日本古典全書）』上下　朝日新聞社、一九五九～一九六〇年。


『日本の歴史』1～32　小学館、一九七三～一九七六年。

『日本の古代』1～15＋別巻　中央公論社、一九八五～一九八八年。


小倉鏗爾『国体神祇辞典』錦正社、一九四〇年。

高津春繁『ギリシア・ローマ神話辞典』岩波書店、一九六〇年。


市村其三郎『神武天皇は応神帝か――古代史七つの謎』新人物往来社、一九七三年。

市村其三郎『まぼろしの神武建国――日本書紀をどう読むか』新人物往来社、一九七五年。

江上波夫・上田正昭編『日本古代文化の成立』毎日新聞社、一九七三年。

江上波夫『江上波夫の日本古代史――騎馬民族説四十五年』大巧社、一九九三年。

参考文献

榎一雄『邪馬台国』至文堂、一九六〇年。

小川光三『大和の原像――古代祭祀と崇神王朝』大和書房、一九七三年。

大林太良『日本神話の起源』角川選書、一九七三年。

大林太良『神話の系譜――日本神話の源流をさぐる』青土社、一九八六年。

金関丈夫著、大林太良解説『木馬と石牛――民族学の周辺』角川選書、一九七六年。

北村文治・水野祐編『謎の四世紀』毎日新聞社、一九七四年。

グスターフ・シュヴァーブ著、角信雄訳『ギリシア・ローマ神話』Ⅰ～Ⅲ 白水社、一九六六年。

佐々克明『「日本国」以前――倭韓連邦から日本国へ』學藝書林、一九八〇年。

柴田勝彦『九州考古学散歩』学生社、一九七〇年。

武光誠『日本誕生――古代国家「大和」とまつろわぬ者たちの物語』文藝春秋、一九九一年。

田中勝也『異端日本古代史書の謎』大和書房、一九八六年。

谷川健一『青銅の神の足跡』集英社、一九七九年。

鳥越憲三郎『古事記は偽書か』朝日新聞社、一九七一年。

馬場恵二『世界の歴史 ビジュアル版3 ギリシア・ローマの栄光』講談社、一九八四年。

藤澤衛彦編『日本神話と伝説』大洋社、一九三八年。

藤縄謙三『ギリシア神話の世界観』新潮選書、一九七一年。

藤縄謙三『ギリシア文化と日本文化――神話・歴史・風土』角川書店、一九七四年。

古田武彦『失われた九州王朝――天皇家以前の古代史』朝日新聞社、一九七三年。

松前健『日本神話の謎』大和書房、一九八五年。

宮本常一・大藤時彦・鎌田久子・高倉新一郎・犬飼哲夫編『風土記日本』第一～六巻 平凡社、一九六〇年。

茂在寅男『古代日本の航海術』小学館、一九七九年。

森田康之助『日本の神話――原像と発展』原書房、一九七二年。

吉田敦彦『ギリシァ神話と日本神話――比較神話学の試み』みすず書房、一九七四年。

吉田敦彦『ギリシア神話の発想』TBSブリタニカ、一九八一年。

切りとり線

★読者のみなさまにお願い

この本をお読みになって、どんな感想をお持ちでしょうか。祥伝社のホームページから書評をお送りいただけたら、ありがたく存じます。今後の企画の参考にさせていただきます。また、次ページの原稿用紙を切り取り、左記まで郵送していただいても結構です。

お寄せいただいた書評は、ご了解のうえ新聞・雑誌などを通じて紹介させていただくこともあります。採用の場合は、特製図書カードを差しあげます。

なお、ご記入いただいたお名前、ご住所、ご連絡先等は、書評紹介の事前了解、謝礼のお届け以外の目的で利用することはありません。また、それらの情報を6カ月を越えて保管することもありません。

〒101-8701（お手紙は郵便番号だけで届きます）
祥伝社　新書編集部
電話03（3265）2310
祥伝社ブックレビュー　www.shodensha.co.jp/bookreview

★本書の購買動機（媒体名、あるいは○をつけてください）

＿＿＿＿新聞の広告を見て	＿＿＿＿誌の広告を見て	＿＿＿＿の書評を見て	＿＿＿＿の Web を見て	書店で見かけて	知人のすすめで

★100字書評……ヤマトタケルの謎

名前

住所

年齢

職業

豊田有恒　とよた・ありつね

作家、島根県立大学名誉教授。1938年、群馬県生まれ。慶應義塾大学医学部中退、武蔵大学経済学部卒業。1961年、『時間砲』で第1回空想科学小説コンテスト佳作入賞後、SF小説界にデビュー。『火の国のヤマトタケル』(日本武尊SF神話シリーズ)に代表される歴史小説や社会評論など幅広い分野で執筆活動を続ける一方、古代日本史を東アジアの流れのなかに位置付ける言説を展開する。著書に『本当は怖い韓国の歴史』『国防音痴が、国を滅ぼす』『「宇宙戦艦ヤマト」の真実』(いずれも祥伝社新書)、『ドイツ見習え論が日本を滅ぼす』(川口マーン恵美氏との共著、ビジネス社)など。

ヤマトタケルの謎(なぞ)
――英雄神話(えいゆうしんわ)に隠(かく)された真実(しんじつ)

豊田有恒(とよたありつね)

2022年12月10日　初版第1刷発行

発行者……………辻 浩明
発行所……………祥伝社(しょうでんしゃ)
〒101-8701　東京都千代田区神田神保町3-3
電話　03(3265)2081(販売部)
電話　03(3265)2310(編集部)
電話　03(3265)3622(業務部)
ホームページ　www.shodensha.co.jp

装丁者……………盛川和洋
印刷所……………萩原印刷
製本所……………ナショナル製本

Printed in Japan　ISBN978-4-396-11668-2　C0221